TRANZLATY

Sprache ist für alle da

भाषा सभी के लिए है

Das Kommunistische Manifest

कम्युनिस्ट घोषणापत्र

Karl Marx
&
Friedrich Engels

Deutsch / हिंदी

Copyright © 2024 Tranzlaty
All rights reserved.
Published by Tranzlaty
ISBN: 978-1-80572-330-1
Original text by Karl Marx and Friedrich Engels
The Communist Manifesto
First published in 1848
www.tranzlaty.com

Einleitung
परिचय

Ein Gespenst geht um in Europa – das Gespenst des Kommunismus

एक भूत यूरोप को सता रहा है - साम्यवाद का भूत

Alle Mächte des alten Europa sind eine heilige Allianz eingegangen, um dieses Gespenst auszutreiben

पुराने यूरोप की सभी शक्तियों ने इस भूत को भगाने के लिए एक पवित्र गठबंधन में प्रवेश किया है

Papst und Zaren, Metternich und Guizot, französische Radikale und deutsche Polizeispione

पोप और ज़ार, मेट्टर्निच और गुइज़्ज़ोट, फ्रेंच रेडिकल और जर्मन पुलिस-जासूस

Wo ist die Oppositionspartei, die von ihren Gegnern an der Macht nicht als kommunistisch verschrien wurde?

विपक्ष में वह पार्टी कहां है जिसे सत्ता में उसके विरोधियों द्वारा कम्युनिस्ट के रूप में निंदा नहीं की गई है?

Wo ist die Opposition, die nicht den Brandvorwurf des Kommunismus gegen die fortgeschritteneren Oppositionsparteien zurückgeschleudert hat?

वह विपक्ष कहां है जिसने अधिक उन्नत विपक्षी दलों के खिलाफ, साम्यवाद की ब्रांडिंग निंदा को वापस नहीं फेंका है?

Und wo ist die Partei, die den Vorwurf nicht gegen ihre reaktionären Gegner erhoben hat?

और वह पार्टी कहां है जिसने अपने प्रतिक्रियावादी विरोधियों के खिलाफ आरोप नहीं लगाया है?

Aus dieser Tatsache ergeben sich zweierlei

इस तथ्य से दो बातें सामने आती हैं

I. Der Kommunismus wird bereits von allen europäischen Mächten als eine Macht anerkannt

I. साम्यवाद पहले से ही सभी यूरोपीय शक्तियों द्वारा स्वयं एक शक्ति होने के लिए स्वीकार किया गया है

II. Es ist höchste Zeit, dass die Kommunisten ihre Ansichten, Ziele und Tendenzen offen vor der ganzen Welt offenlegen

II. अब समय आ गया है कि कम्युनिस्टों को पूरी दुनिया के सामने खुले तौर पर अपने विचारों, उद्देश्यों और प्रवृत्तियों को प्रकाशित करना चाहिए

sie müssen diesem Kindermärchen vom Gespenst des Kommunismus mit einem Manifest der Partei selbst begegnen

उन्हें साम्यवाद के भूत की इस नर्सरी कहानी को पार्टी के घोषणापत्र के साथ ही पूरा करना चाहिए

Zu diesem Zweck haben sich Kommunisten verschiedener Nationalitäten in London versammelt und folgendes Manifest entworfen

इसके लिए, विभिन्न राष्ट्रीयताओं के कम्युनिस्ट लंदन में इकट्ठे हुए हैं और निम्नलिखित घोषणापत्र को स्केच किया है

Dieses Manifest wird in deutscher, englischer, französischer, italienischer, flämischer und dänischer Sprache veröffentlicht

यह घोषणापत्र अंग्रेजी, फ्रेंच, जर्मन, इतालवी, फ्लेमिश और डेनिश भाषाओं में प्रकाशित किया जाना है

Und jetzt soll es in allen Sprachen veröffentlicht werden, die Tranzlaty anbietet

और अब इसे उन सभी भाषाओं में प्रकाशित किया जाना है जो ट्रांज़लाटी प्रदान करती हैं

Bourgeois und Proletarier
बुर्जुआ और सर्वहारा

Die Geschichte aller bisherigen Gesellschaften ist die Geschichte der Klassenkämpfe

सभी मौजूदा समाजों का इतिहास वर्ग संघर्षों का इतिहास है

Freier und Sklave, Patrizier und Plebejer, Herr und Leibeigener, Zunftmeister und Geselle

फ्रीमैन और गुलाम, पेट्रीशियन और प्लेबीयन, लॉर्ड और सर्फ़, गिल्ड-मास्टर और ट्रैवलमैन

mit einem Wort, Unterdrücker und Unterdrückte

एक शब्द में, उत्पीड़क और उत्पीड़ित

Diese sozialen Klassen standen in ständiger Opposition zueinander

ये सामाजिक वर्ग एक-दूसरे के लगातार विरोध में खड़े थे

Sie führten einen ununterbrochenen Kampf. Jetzt versteckt, jetzt offen

उन्होंने निर्बाध लड़ाई लड़ी। अब छिपा हुआ, अब खुला

Ein Kampf, der entweder in einer revolutionären Rekonstitution der Gesellschaft als Ganzes endete

एक लड़ाई जो या तो बड़े पैमाने पर समाज के क्रांतिकारी पुनर्गठन में समाप्त हुई

oder ein Kampf, der im gemeinsamen Ruin der streitenden Klassen endete

या एक लड़ाई जो प्रतियोगी वर्गों के आम बर्बादी में समाप्त हुई

Blicken wir zurück auf die früheren Epochen der Geschichte

आइए हम इतिहास के पहले के युगों को देखें

Wir finden fast überall eine komplizierte Einteilung der Gesellschaft in verschiedene Ordnungen

हम लगभग हर जगह समाज की एक जटिल व्यवस्था को विभिन्न आदेशों में पाते हैं

Es gab schon immer eine mannigfaltige Abstufung des sozialen Ranges

सामाजिक स्तर का हमेशा कई गुना उन्नयन रहा है

Im alten Rom gibt es Patrizier, Ritter, Plebejer, Sklaven

प्राचीन रोम में हमारे पास देशभक्त, शूरवीर, प्लेबीयन, दास हैं

im Mittelalter: Feudalherren, Vasallen, Zunftmeister, Gesellen, Lehrlinge, Leibeigene

मध्य युग में: सामंती प्रभु, जागीरदार, गिल्ड-मास्टर्स, जर्नीमैन, प्रशिक्षु, सर्फ़

In fast allen diesen Klassen sind wiederum untergeordnete Abstufungen

इनमें से लगभग सभी वर्गों में, फिर से, अधीनस्थ उन्नयन

Die moderne Bourgeoisie Gesellschaft ist aus den Trümmern der feudalen Gesellschaft hervorgegangen

आधुनिक बुर्जुआ समाज सामंती समाज के खंडहरों से अंकुरित हुआ है

Aber diese neue Gesellschaftsordnung hat die Klassengegensätze nicht beseitigt

लेकिन इस नई सामाजिक व्यवस्था ने वर्ग विरोधों को दूर नहीं किया है

Sie hat nur neue Klassen und neue Unterdrückungsbedingungen geschaffen

इसने उत्पीड़न के नए वर्गों और नई स्थितियों को स्थापित किया है

Sie hat neue Formen des Kampfes an die Stelle der alten gesetzt

इसने पुराने के स्थान पर संघर्ष के नए रूप स्थापित किए हैं

Die Epoche, in der wir uns befinden, weist jedoch eine Besonderheit auf

हालाँकि, जिस युग में हम खुद को पाते हैं, उसमें एक विशिष्ट विशेषता होती है

die Epoche der Bourgeoisie hat die Klassengegensätze vereinfacht

पूंजीपति वर्ग के युग ने वर्ग विरोधों को सरल बना दिया है

Die Gesellschaft als Ganzes spaltet sich mehr und mehr in zwei große feindliche Lager

एक पूरे के रूप में समाज अधिक से अधिक दो महान शत्रुतापूर्ण शिविरों में विभाजित हो रहा है

zwei große soziale Klassen, die sich direkt gegenüberstehen: Bourgeoisie und Proletariat

दो महान सामाजिक वर्ग सीधे एक-दूसरे का सामना कर रहे हैं: पूंजीपति वर्ग और सर्वहारा वर्ग

Aus den Leibeigenen des Mittelalters gingen die Bürger der ersten Städte hervor

मध्य युग के सर्फ़ों से शुरुआती शहरों के चार्टर्ड बर्गर उभरे

Aus diesen Bürgern entwickelten sich die ersten Elemente der Bourgeoisie

इन बर्गेस से पूंजीपति वर्ग के पहले तत्व विकसित किए गए थे

Die Entdeckung Amerikas und die Umrundung des Kaps

अमेरिका की खोज और केप की गोलाई

diese Ereignisse eröffneten der aufstrebenden Bourgeoisie neues Terrain

इन घटनाओं ने बढ़ते पूंजीपति वर्ग के लिए नई जमीन खोल दी

Die ostindischen und chinesischen Märkte, die Kolonisierung Amerikas, der Handel mit den Kolonien

पूर्वी-भारतीय और चीनी बाजार, अमेरिका का उपनिवेशीकरण, उपनिवेशों के साथ व्यापार

die Vermehrung der Tauschmittel und der Waren überhaupt

विनिमय के साधनों और वस्तुओं में आम तौर पर वृद्धि

Diese Ereignisse gaben dem Handel, der Schiffahrt und der Industrie einen nie gekannten Impuls

इन घटनाओं ने वाणिज्य, नेविगेशन और उद्योग को एक ऐसा आवेग दिया जो पहले कभी ज्ञात नहीं था

Sie gab dem revolutionären Element in der wankenden feudalen Gesellschaft eine rasche Entwicklung

इसने डगमगाते सामंती समाज में क्रांतिकारी तत्व को तेजी से विकास दिया

Geschlossene Zünfte hatten das feudale System der industriellen Produktion monopolisiert

बंद गिल्डों ने औद्योगिक उत्पादन की सामंती व्यवस्था पर एकाधिकार कर लिया था

Doch das reichte den wachsenden Bedürfnissen der neuen Märkte nicht mehr aus

लेकिन यह अब नए बाजारों की बढ़ती जरूरतों के लिए पर्याप्त नहीं था

Das Manufaktursystem trat an die Stelle des feudalen Systems der Industrie

विनिर्माण प्रणाली ने उद्योग की सामंती व्यवस्था का स्थान ले लिया

Die Zunftmeister wurden vom produzierenden Bürgertum auf die Seite gedrängt

गिल्ड-मास्टर्स को विनिर्माण मध्यम वर्ग द्वारा एक तरफ धकेल दिया गया था

Die Arbeitsteilung zwischen den verschiedenen korporativen Innungen verschwand

विभिन्न कॉर्पोरेट गिल्डों के बीच श्रम का विभाजन गायब हो गया

Die Arbeitsteilung durchdrang jede einzelne Werkstatt

श्रम विभाजन ने प्रत्येक एकल कार्यशाला में प्रवेश किया

In der Zwischenzeit wuchsen die Märkte immer weiter und die Nachfrage stieg immer weiter

इस बीच, बाजार लगातार बढ़ते रहे, और मांग लगातार बढ़ती रही

Selbst Fabriken reichten nicht mehr aus, um den Anforderungen gerecht zu werden

यहां तक कि कारखाने भी अब मांगों को पूरा करने के लिए पर्याप्त नहीं थे

Daraufhin revolutionierten Dampf und Maschinen die industrielle Produktion

इसके बाद, भाप और मशीनरी ने औद्योगिक उत्पादन में क्रांति ला दी

An die Stelle der Manufaktur trat der Riese, die moderne Industrie

निर्माण का स्थान विशाल, आधुनिक उद्योग द्वारा लिया गया था

An die Stelle des industriellen Mittelstandes traten industrielle Millionäre

औद्योगिक मध्यम वर्ग का स्थान औद्योगिक करोड़पतियों ने ले लिया

an die Stelle der Führer ganzer Industriearmeen trat die moderne Bourgeoisie

पूरे औद्योगिक सेनाओं के नेताओं की जगह आधुनिक पूंजीपति वर्ग द्वारा ली गई थी

die Entdeckung Amerikas ebnete der modernen Industrie den Weg zur Etablierung des Weltmarktes

अमेरिका की खोज ने आधुनिक उद्योग के लिए विश्व बाजार की स्थापना का मार्ग प्रशस्त किया

Dieser Markt gab dem Handel, der Schifffahrt und der Kommunikation auf dem Landweg eine ungeheure Entwicklung

इस बाजार ने भूमि द्वारा वाणिज्य, नेविगेशन और संचार को एक विशाल विकास दिया

Diese Entwicklung hat seinerzeit auf die Ausdehnung der Industrie reagiert

इस विकास ने, अपने समय में, उद्योग के विस्तार पर प्रतिक्रिया व्यक्त की है

Sie reagierte in dem Maße, wie sich die Industrie ausbreitete, und wie sich Handel, Schiffahrt und Eisenbahn ausdehnten

इसने इस अनुपात में प्रतिक्रिया व्यक्त की कि उद्योग कैसे विस्तारित हुआ, और वाणिज्य, नेविगेशन और रेलवे का विस्तार कैसे हुआ

in demselben Maße, in dem sich die Bourgeoisie
entwickelte, vermehrte sie ihr Kapital

उसी अनुपात में जो पूंजीपति वर्ग ने विकसित किया, उन्होंने अपनी पूंजी में वृद्धि की

und das Bourgeoisie drängte jede aus dem Mittelalter
überlieferte Klasse in den Hintergrund

और पूंजीपति वर्ग ने मध्य युग से सौंपे गए हर वर्ग को पृष्ठभूमि में धकेल दिया

daher ist die moderne Bourgeoisie selbst das Produkt eines
langen Entwicklungsganges

इसलिए आधुनिक पूंजीपति वर्ग अपने आप में विकास के एक लंबे पाठ्यक्रम का उत्पाद है

Wir sehen, dass es sich um eine Reihe von Revolutionen in
der Produktions- und Tauschweise handelt

हम देखते हैं कि यह उत्पादन और विनिमय के साधनों में क्रांतियों की एक श्रृंखला है

Jeder Schritt der Bourgeoisie Entwicklung ging mit einem
entsprechenden politischen Fortschritt einher

प्रत्येक विकासात्मक पूंजीपति वर्ग कदम एक इसी राजनीतिक अग्रिम के साथ था

Eine unterdrückte Klasse unter der Herrschaft des feudalen
Adels

सामंती कुलीनता के प्रभाव में एक उत्पीड़ित वर्ग

ein bewaffneter und selbstverwalteter Verein in der
mittelalterlichen Kommune

मध्यकालीन कम्यून में एक सशस्त्र और स्वशासी संघ

hier eine unabhängige Stadtrepublik (wie in Italien und
Deutschland)

यहां, एक स्वतंत्र शहरी गणराज्य (जैसा कि इटली और जर्मनी में है)

dort ein steuerpflichtiger "dritter Stand" der Monarchie (wie
in Frankreich)

वहां, राजशाही की एक कर योग्य "तीसरी संपत्ति" (जैसा कि फ्रांस में है)

Danach, in der Zeit der eigentlichen Herstellung

बाद में, निर्माण की अवधि में उचित

die Bourgeoisie diente entweder der halbfeudalen oder der
absoluten Monarchie

पूंजीपति वर्ग ने या तो अर्ध-सामंती या पूर्ण राजशाही की सेवा की

oder die Bourgeoisie fungierte als Gegengewicht zum Adel

या पूंजीपति वर्ग ने बड़प्पन के खिलाफ एक प्रतिकार के रूप में काम किया

und in der Tat war die Bourgeoisie ein Eckpfeiler der großen Monarchien überhaupt

और, वास्तव में, पूंजीपति सामान्य रूप से महान राजतंत्रों की आधारशिला थी

aber die moderne Industrie und der Weltmarkt haben sich seitdem etabliert

लेकिन आधुनिक उद्योग और विश्व-बाजार ने तब से खुद को स्थापित किया

und die Bourgeoisie hat sich die ausschließliche politische Herrschaft erobert

और पूंजीपति वर्ग ने अपने लिए अनन्य राजनीतिक बोलबाला जीत लिया है

sie erreichte diese politische Herrschaft durch den modernen repräsentativen Staat

इसने आधुनिक प्रतिनिधि राज्य के माध्यम से इस राजनीतिक बोलबाला को हासिल किया

Die Exekutive des modernen Staates ist nichts anderes als ein Verwaltungskomitee

आधुनिक राज्य के कार्यकारी केवल एक प्रबंधन समिति हैं

und sie leiten die gemeinsamen Angelegenheiten der gesamten Bourgeoisie

और वे पूरे पूंजीपति वर्ग के सामान्य मामलों का प्रबंधन करते हैं

Die Bourgeoisie hat historisch gesehen eine höchst revolutionäre Rolle gespielt

पूंजीपति वर्ग, ऐतिहासिक रूप से, एक सबसे क्रांतिकारी भूमिका निभाई है

Wo immer sie die Oberhand gewann, machte sie allen feudalen, patriarchalischen und idyllischen Verhältnissen ein Ende

जहां भी इसे ऊपरी हाथ मिला, इसने सभी सामंती, पितृसत्तात्मक और सुखद संबंधों को समाप्त कर दिया

Sie hat erbarmungslos die bunten feudalen Bande zerrissen, die den Menschen an seine "natürlichen Vorgesetzten" banden

इसने उस प्रेरक सामंती संबंधों को दयनीय रूप से तोड़ दिया है जो मनुष्य को उसके "प्राकृतिक वरिष्ठों" से बांधे हुए थे

Und es ist kein Nexus zwischen Mensch und Mensch übrig geblieben, außer nacktem Eigeninteresse

और इसने मनुष्य और मनुष्य के बीच नग्न स्वार्थ के अलावा कोई संबंध नहीं छोड़ा है

Die Beziehungen der Menschen zueinander sind zu nichts anderem geworden als zu einer gefühllosen "Geldzahlung"

एक दूसरे के साथ मनुष्य के संबंध कठोर "नकद भुगतान" से ज्यादा कुछ नहीं बन गए हैं

Sie hat die himmlischsten Ekstasen religiöser Inbrunst ertränkt

इसने धार्मिक उत्साह के सबसे स्वर्गीय परमानंद को डुबो दिया है

sie hat ritterlichen Enthusiasmus und philiströsen Sentimentalismus übertönt

इसने शिष्ट उत्साह और परोपकारी भावुकता को डुबो दिया है

Sie hat diese Dinge im eisigen Wasser des egoistischen Kalküls ertränkt

इसने इन चीजों को अहंकारी गणना के बर्फीले पानी में डुबो दिया है

Sie hat den persönlichen Wert in Tauschwert aufgelöst

इसने व्यक्तिगत मूल्य को विनिमेय मूल्य में हल किया है

Sie hat die zahllosen und unveräußerlichen verbrieften Freiheiten ersetzt

इसने असंख्य और अपरिहार्य चार्टर्ड स्वतंत्रताओं को बदल दिया है

und sie hat eine einzige, skrupellose Freiheit geschaffen; Freihandel

और इसने एक एकल, अविवेकी स्वतंत्रता स्थापित की है; मुक्त व्यापार

Mit einem Wort, sie hat dies für die Ausbeutung getan

एक शब्द में, इसने शोषण के लिए ऐसा किया है

Ausbeutung, verschleiert durch religiöse und politische Illusionen

धार्मिक और राजनीतिक भ्रमों से ढका शोषण

Ausbeutung verschleiert durch nackte, schamlose, direkte, brutale Ausbeutung

नग्न, बेशर्म, सीधे, क्रूर शोषण से ढका शोषण

die Bourgeoisie hat den Heiligenschein von jedem zuvor geehrten und verehrten Beruf abgestreift

पूंजीपति वर्ग ने हर पहले सम्मानित और श्रद्धेय व्यवसाय से प्रभामंडल छीन लिया है

der Arzt, der Advokat, der Priester, der Dichter und der Mann der Wissenschaft

चिकित्सक, वकील, पुजारी, कवि और विज्ञान के आदमी

Sie hat diese ausgezeichneten Arbeiter in ihre bezahlten Lohnarbeiter verwandelt

इसने इन प्रतिष्ठित श्रमिकों को अपने वैतनिक दिहाड़ी मजदूरों में बदल दिया है

Die Bourgeoisie hat der Familie den sentimentalen Schleier weggerissen

पूंजीपति वर्ग ने परिवार से भावुक पर्दा फाड़ दिया है

Und sie hat das Familienverhältnis auf ein bloßes Geldverhältnis reduziert

और इसने पारिवारिक संबंध को केवल पैसे के रिश्ते तक सीमित कर दिया है

die brutale Zurschaustellung der Kraft im Mittelalter, die die Reaktionäre so sehr bewundern

मध्य युग में शक्ति का क्रूर प्रदर्शन जिसकी प्रतिक्रियावादी बहुत प्रशंसा करते हैं

Auch diese fand ihre passende Ergänzung in der trägesten Trägheit

यहां तक कि इसने सबसे सुस्त अकर्मण्यता में अपना उपयुक्त पूरक पाया

Die Bourgeoisie hat enthüllt, wie es dazu gekommen ist

पूंजीपति वर्ग ने खुलासा किया है कि यह सब कैसे हुआ

Die Bourgeoisie war die erste, die gezeigt hat, was die Tätigkeit des Menschen bewirken kann

पूंजीपति वर्ग ने सबसे पहले यह दिखाया है कि मनुष्य की गतिविधि क्या ला सकती है

Sie hat Wunder vollbracht, die ägyptische Pyramiden, römische Aquädukte und gotische Kathedralen bei weitem übertreffen

इसने मिस्र के पिरामिड, रोमन एक्काडक्ट्स और गोथिक कैथेड्रल को पार करते हुए चमत्कार किए हैं

und sie hat Expeditionen durchgeführt, die alle früheren Auszüge von Nationen und Kreuzzügen in den Schatten stellten

और इसने ऐसे अभियान चलाए हैं जो राष्ट्रों और धर्मयुद्धों के सभी पूर्व पलायन को छाया में डाल देते हैं

Die Bourgeoisie kann nicht existieren, ohne die Produktionsmittel ständig zu revolutionieren

उत्पादन के साधनों में लगातार क्रांति किए बिना पूंजीपति वर्ग का अस्तित्व नहीं हो सकता

und damit kann sie nicht ohne ihre Beziehungen zur Produktion existieren

और इस प्रकार यह उत्पादन के साथ अपने संबंधों के बिना अस्तित्व में नहीं रह सकता है

und deshalb kann sie nicht ohne ihre Beziehungen zur Gesellschaft existieren

और इसलिए यह समाज के साथ अपने संबंधों के बिना मौजूद नहीं हो सकता

Alle früheren Industrieklassen hatten eine Bedingung gemeinsam

पहले के सभी औद्योगिक वर्गों में एक शर्त समान थी

Sie setzten auf die Bewahrung der alten Produktionsweisen

वे उत्पादन के पुराने तरीकों के संरक्षण पर निर्भर थे

aber die Bourgeoisie brachte eine völlig neue Dynamik mit sich

लेकिन पूंजीपति अपने साथ एक पूरी तरह से नया गतिशील लेकर आए

Ständige Revolutionierung der Produktion und ununterbrochene Störung aller gesellschaftlichen Verhältnisse

उत्पादन में निरंतर क्रांति और सभी सामाजिक स्थितियों की निर्बाध गड़बड़ी

diese immerwährende Unsicherheit und Unruhe unterscheidet die Epoche der Bourgeoisie von allen früheren

यह चिरस्थायी अनिश्चितता और आंदोलन बुर्जुआ युग को पहले के सभी लोगों से अलग करता है

Die bisherigen Beziehungen zur Produktion waren mit alten und ehrwürdigen Vorurteilen und Meinungen verbunden

उत्पादन के साथ पिछले संबंध प्राचीन और आदरणीय पूर्वग्रहों और विचारों के साथ आए थे

Aber all diese festgefahrenen, eingefrorenen Beziehungen werden hinweggefegt

लेकिन ये सभी निश्चित, तेजी से जमे हुए संबंध बह गए हैं

Alle neu gebildeten Verhältnisse werden antiquiert, bevor sie erstarren können

सभी नए-नए संबंध अस्थिभंग होने से पहले ही पुरातन हो जाते हैं

Alles, was fest ist, zerschmilzt in Luft, und alles, was heilig ist, wird entweiht

जो कुछ ठोस है वह हवा में पिघल जाता है, और जो कुछ पवित्र है वह अपवित्र हो जाता है

Der Mensch ist endlich gezwungen, mit nüchternen Sinnen seinen wirklichen Lebensbedingungen ins Auge zu sehen

मनुष्य अंततः शांत इंद्रियों के साथ, अपने जीवन की वास्तविक स्थितियों का सामना करने के लिए मजबूर हो जाता है

und er ist gezwungen, sich seinen Beziehungen zu seinesgleichen zu stellen

और वह अपने जैसे संबंधों का सामना करने के लिए मजबूर है

Die Bourgeoisie muss ständig ihre Märkte für ihre Produkte erweitern

पूंजीपति वर्ग को लगातार अपने उत्पादों के लिए अपने बाजारों का विस्तार करने की आवश्यकता है

und deshalb wird die Bourgeoisie über die ganze Erdoberfläche gejagt

और, इस वजह से, पूंजीपति वर्ग को दुनिया की पूरी सतह पर पीछा किया जाता है

Die Bourgeoisie muss sich überall einnisten, sich überall niederlassen, überall Verbindungen herstellen

पूंजीपति वर्ग को हर जगह घोंसला बनाना चाहिए, हर जगह बसना चाहिए, हर जगह कनेक्शन स्थापित करना चाहिए

Die Bourgeoisie muss in jedem Winkel der Welt Märkte schaffen, um sie auszubeuten

पूंजीपति वर्ग को शोषण के लिए दुनिया के हर कोने में बाजार बनाना होगा

Die Produktion und der Konsum in jedem Land haben einen kosmopolitischen Charakter erhalten

हर देश में उत्पादन और खपत को एक महानगरीय चरित्र दिया गया है

der Verdruss der Reaktionäre ist mit Händen zu greifen, aber er hat sich trotzdem fortgesetzt

प्रतिक्रियावादियों की नाराजगी स्पष्ट है, लेकिन यह परवाह किए बिना जारी रखा गया है

Die Bourgeoisie hat der Industrie den nationalen Boden, auf dem sie stand, unter den Füßen weggezogen

पूंजीपति वर्ग ने उद्योग के पैरों के नीचे से उस राष्ट्रीय जमीन को खींचा है जिस पर वह खड़ा था

Alle alteingesessenen nationalen Industrien sind zerstört worden oder werden täglich zerstört

सभी पुराने स्थापित राष्ट्रीय उद्योग नष्ट हो गए हैं, या प्रतिदिन नष्ट हो रहे हैं

Alle alteingesessenen nationalen Industrien werden durch neue Industrien verdrängt

सभी पुराने स्थापित राष्ट्रीय उद्योग नए उद्योगों द्वारा उखाड़ फेंके जाते हैं

Ihre Einführung wird zu einer Frage von Leben und Tod für alle zivilisierten Völker

उनका परिचय सभी सभ्य राष्ट्रों के लिए जीवन और मृत्यु का प्रश्न बन जाता है

Sie werden von Industrien verdrängt, die keine heimischen Rohstoffe mehr verarbeiten

वे उन उद्योगों द्वारा उखाड़ फेंके जाते हैं जो अब स्वदेशी कच्चे माल का काम नहीं करते हैं

Stattdessen beziehen diese Industrien Rohstoffe aus den entlegensten Zonen

इसके बजाय, ये उद्योग दूरस्थ क्षेत्रों से कच्चा माल खींचते हैं

Industrien, deren Produkte nicht nur zu Hause, sondern in allen Teilen der Welt konsumiert werden

ऐसे उद्योग जिनके उत्पादों का उपभोग न केवल घर पर, बल्कि दुनिया के हर तिमाही में किया जाता है

An die Stelle der alten Bedürfnisse, die durch die Erzeugnisse des Landes befriedigt werden, treten neue Bedürfnisse

पुरानी जरूरतों के स्थान पर, देश की प्रस्तुतियों से संतुष्ट होकर, हम नई इच्छाएं पाते हैं

Diese neuen Bedürfnisse bedürfen zu ihrer Befriedigung der Produkte aus fernen Ländern und Klimazonen

इन नई इच्छाओं को उनकी संतुष्टि के लिए दूर की भूमि और जलवायु के उत्पादों की आवश्यकता होती है

An die Stelle der alten lokalen und nationalen Abgeschiedenheit und Selbstversorgung tritt der Handel

पुराने स्थानीय और राष्ट्रीय एकांत और आत्मनिर्भरता के स्थान पर, हमारे पास व्यापार है

internationaler Austausch in alle Richtungen; universelle Interdependenz der Nationen

हर दिशा में अंतर्राष्ट्रीय विनिमय; राष्ट्रों की सार्वभौमिक अंतर-निर्भरता

Und so wie wir von Materialien abhängig sind, so sind wir von der intellektuellen Produktion abhängig

और जिस तरह हम सामग्री पर निर्भर हैं, उसी तरह हम बौद्धिक उत्पादन पर निर्भर हैं

Die geistigen Schöpfungen der einzelnen Nationen werden zum Gemeingut

अलग-अलग राष्ट्रों की बौद्धिक रचनाएँ आम संपत्ति बन जाती हैं

Nationale Einseitigkeit und Engstirnigkeit werden immer unmöglicher

राष्ट्रीय एकपक्षीयता और संकीर्णता अधिक से अधिक असंभव हो जाती है

Und aus den zahlreichen nationalen und lokalen Literaturen entsteht eine Weltliteratur

और कई राष्ट्रीय और स्थानीय साहित्य से, एक विश्व साहित्य उत्पन्न होता है

durch die rasche Verbesserung aller Produktionsmittel

उत्पादन के सभी साधनों के तेजी से सुधार से

durch die immens erleichterten Kommunikationsmittel

संचार के अत्यधिक सुगम साधनों द्वारा

Die Bourgeoisie zieht alle (auch die barbarischsten Nationen) in die Zivilisation hinein

पूंजीपति वर्ग सभी (यहां तक कि सबसे बर्बर राष्ट्रों) को सभ्यता में खींचता है

Die billigen Preise seiner Waren; die schwere Artillerie, die alle chinesischen Mauern niederreißt

इसकी वस्तुओं की सस्ती कीमतें; भारी तोपखाने जो सभी चीनी दीवारों को ध्वस्त कर देते हैं

Der hartnäckige Fremdenhass der Barbaren wird zur Kapitulation gezwungen

विदेशियों के प्रति बर्बर लोगों की तीव्र घृणा को आत्मसमर्पण करने के लिए मजबूर किया जाता है

Sie zwingt alle Nationen, unter Androhung des Aussterbens, die Bourgeoisie Produktionsweise anzunehmen

यह सभी राष्ट्रों को, विलुप्त होने के दर्द पर, उत्पादन के बुर्जुआ मोड को अपनाने के लिए मजबूर करता है

Sie zwingt sie, das, was sie Zivilisation nennt, in ihre Mitte einzuführen

यह उन्हें अपने बीच में सभ्यता को पेश करने के लिए मजबूर करता है

Die Bourgeoisie zwingt die Barbaren, selbst zur Bourgeoisie zu werden

पूंजीपति वर्ग बर्बर लोगों को खुद बुर्जुआ बनने के लिए मजबूर करता है

mit einem Wort, die Bourgeoisie schafft sich eine Welt nach ihrem Bilde

एक शब्द में, पूंजीपति वर्ग अपनी छवि के बाद एक दुनिया बनाता है

Die Bourgeoisie hat das Land der Herrschaft der Städte unterworfen

पूंजीपति वर्ग ने ग्रामीण इलाकों को कस्बों के शासन के अधीन कर दिया है

Sie hat riesige Städte geschaffen und die Stadtbevölkerung stark vergrößert

इसने विशाल शहरों का निर्माण किया है और शहरी आबादी में काफी वृद्धि की है

Sie rettete einen beträchtlichen Teil der Bevölkerung vor der Idiotie des Landlebens

इसने आबादी के एक बड़े हिस्से को ग्रामीण जीवन की मूर्खता से बचाया

Aber sie hat die Menschen auf dem Lande von den Städten abhängig gemacht

लेकिन इसने ग्रामीण इलाकों में उन लोगों को कस्बों पर निर्भर बना दिया है

Und ebenso hat sie die barbarischen Länder von den zivilisierten abhängig gemacht

और इसी तरह, इसने बर्बर देशों को सभ्य देशों पर निर्भर बना दिया है

Bauernnationen gegen Völker der Bourgeoisie, Osten gegen Westen

पूंजीपति वर्ग के राष्ट्रों पर किसानों के राष्ट्र, पश्चिम पर पूर्व

Die Bourgeoisie beseitigt den zerstreuten Zustand der Bevölkerung mehr und mehr

पूंजीपति वर्ग आबादी की बिखरी हुई स्थिति को अधिक से अधिक दूर करता है

Sie hat die Produktion agglomeriert und das Eigentum in wenigen Händen konzentriert

इसने उत्पादन को बढ़ा दिया है, और कुछ हाथों में संपत्ति केंद्रित की है

Die notwendige Konsequenz daraus war eine politische Zentralisierung

इसका आवश्यक परिणाम राजनीतिक केंद्रीकरण था

Es gab unabhängige Nationen und lose miteinander verbundene Provinzen

स्वतंत्र राष्ट्र और शिथिल रूप से जुड़े हुए प्रांत थे

Sie hatten getrennte Interessen, Gesetze, Regierungen und Steuersysteme

उनके अलग-अलग हित, कानून, सरकारें और कराधान की प्रणालियां थीं

Aber sie sind zu einer Nation zusammengeschmolzen, mit einer Regierung

लेकिन वे एक राष्ट्र में, एक सरकार के साथ एक साथ मिल गए हैं

Sie haben jetzt ein nationales Klasseninteresse, eine Grenze und einen Zolltarif

अब उनके पास एक राष्ट्रीय वर्ग-हित, एक सीमा और एक सीमा शुल्क-टैरिफ है

Und dieses nationale Klasseninteresse ist unter einem Gesetzbuch vereinigt

और यह राष्ट्रीय वर्ग-हित एक कानून संहिता के तहत एकीकृत है

die Bourgeoisie hat während ihrer knapp hundertjährigen Herrschaft viel erreicht

पूंजीपति वर्ग ने अपने दुर्लभ एक सौ वर्षों के शासन के दौरान बहुत कुछ हासिल किया है

massivere und kolossalere Produktivkräfte als alle vorhergehenden Generationen zusammen

सभी पूर्ववर्ती पीढ़ियों की तुलना में अधिक विशाल और विशाल उत्पादक शक्तियां एक साथ हैं

Die Kräfte der Natur sind dem Willen des Menschen und seiner Maschinerie unterworfen

प्रकृति की शक्तियां मनुष्य और उसकी मशीनरी की इच्छा के अधीन हैं

Die Chemie wird auf alle Industrieformen und Landwirtschaftsformen angewendet

रसायन विज्ञान उद्योग के सभी रूपों और कृषि के प्रकारों पर लागू होता है

Dampfschiffahrt, Eisenbahnen, elektrische Telegraphen und die Druckerpresse

स्टीम-नेविगेशन, रेलवे, इलेक्ट्रिक टेलीग्राफ और प्रिंटिंग प्रेस

Rodung ganzer Kontinente für den Anbau, Kanalisierung von Flüssen

खेती के लिए पूरे महाद्वीपों की सफाई, नदियों का नहरीकरण

ganze Populationen wurden aus dem Boden gezaubert und an die Arbeit gebracht

पूरी आबादी को जमीन से बाहर निकाल दिया गया है और काम पर लगा दिया गया है

Welches frühere Jahrhundert hatte auch nur eine Ahnung von dem, was entfesselt werden könnte?

इससे पहले की सदी में क्या पूर्वाभास भी था कि क्या फैलाया जा सकता है?

Wer hat vorausgesagt, dass solche Produktivkräfte im Schoß der gesellschaftlichen Arbeit schlummern?

किसने भविष्यवाणी की थी कि ऐसी उत्पादक शक्तियाँ सामाजिक श्रम की गोद में सो रही हैं?

Wir sehen also, daß die Produktions- und Tauschmittel in der feudalen Gesellschaft erzeugt wurden

तब हम देखते हैं कि सामंती समाज में उत्पादन और विनिमय के साधन उत्पन्न होते थे

die Produktionsmittel, auf deren Grundlage sich die Bourgeoisie aufbaute

उत्पादन के साधन जिनकी नींव पर पूंजीपति वर्ग ने खुद को बनाया

Auf einer bestimmten Stufe der Entwicklung dieser Produktions- und Tauschmittel

उत्पादन और विनिमय के इन साधनों के विकास में एक निश्चित स्तर पर

die Bedingungen, unter denen die feudale Gesellschaft produzierte und tauschte

वे परिस्थितियाँ जिनके अधीन सामंती समाज का उत्पादन और आदान-प्रदान होता था

Die feudale Organisation der Landwirtschaft und des verarbeitenden Gewerbes

कृषि और विनिर्माण उद्योग का सामंती संगठन

Die feudalen Eigentumsverhältnisse waren mit den materiellen Verhältnissen nicht mehr vereinbar

संपत्ति के सामंती संबंध अब भौतिक परिस्थितियों के अनुकूल नहीं थे

Sie mussten gesprengt werden, also wurden sie auseinandergesprengt

उन्हें अलग करना था, इसलिए वे फट गए

An ihre Stelle trat die freie Konkurrenz der Produktivkräfte

उनके स्थान पर उत्पादक शक्तियों से मुक्त प्रतिस्पर्धा ने कदम रखा

Und sie wurden von einer ihr angepassten sozialen und politischen Verfassung begleitet

और वे इसके अनुकूल एक सामाजिक और राजनीतिक संविधान के साथ थे

und sie wurde begleitet von der ökonomischen und politischen Herrschaft der Bourgeoisie Klasse

और यह पूंजीपति वर्ग के आर्थिक और राजनीतिक बोलबाला के साथ था

Eine ähnliche Bewegung vollzieht sich vor unseren eigenen Augen

इसी तरह का आंदोलन हमारी अपनी आंखों के सामने चल रहा है

Die moderne Bourgeoisie Gesellschaft mit ihren Produktions-, Tausch- und Eigentumsverhältnissen

आधुनिक बुर्जुआ समाज उत्पादन, विनिमय और संपत्ति के अपने संबंधों के साथ

eine Gesellschaft, die so gigantische Produktions- und Tauschmittel heraufbeschworen hat

एक ऐसा समाज जिसने उत्पादन और विनिमय के ऐसे विशाल साधनों को समेट लिया है

Es ist wie der Zauberer, der die Mächte der Unterwelt heraufbeschworen hat

यह उस जादूगर की तरह है जिसने पाताल लोक की शक्तियों को बुलाया

Aber er ist nicht mehr in der Lage, zu kontrollieren, was er in die Welt gebracht hat

लेकिन वह अब दुनिया में जो कुछ भी लाया है उसे नियंत्रित करने में सक्षम नहीं है

Viele Jahrzehnte lang war die vergangene Geschichte durch einen roten Faden miteinander verbunden

कई दशकों से पिछला इतिहास एक सामान्य धागे से बंधा हुआ था

Die Geschichte der Industrie und des Handels ist nichts anderes als die Geschichte der Revolten

उद्योग और वाणिज्य का इतिहास केवल विद्रोहों का इतिहास रहा है

die Revolten der modernen Produktivkräfte gegen die modernen Produktionsbedingungen

उत्पादन की आधुनिक अवस्थाओं के विरुद्ध आधुनिक उत्पादक शक्तियों का विद्रोह

die Revolten der modernen Produktivkräfte gegen die Eigentumsverhältnisse

संपत्ति संबंधों के खिलाफ आधुनिक उत्पादक शक्तियों का विद्रोह

diese Eigentumsverhältnisse sind die Bedingungen für die Existenz der Bourgeoisie

ये संपत्ति संबंध पूंजीपति वर्ग के अस्तित्व की शर्तें हैं

und die Existenz der Bourgeoisie bestimmt die Regeln der Eigentumsverhältnisse

और पूंजीपति वर्ग का अस्तित्व संपत्ति संबंधों के नियमों को निर्धारित करता है

Es genügt, die periodische Wiederkehr von Handelskrisen zu erwähnen

वाणिज्यिक संकटों की आवधिक वापसी का उल्लेख करना पर्याप्त है

jede Handelskrise ist für die Bourgeoisie Gesellschaft bedrohlicher als die letzte

प्रत्येक वाणिज्यिक संकट पिछले की तुलना में बुर्जुआ समाज के लिए अधिक खतरा है

In diesen Krisen wird ein großer Teil der bestehenden Produkte vernichtet

इन संकटों में मौजूदा उत्पादों का एक बड़ा हिस्सा नष्ट हो जाता है

Diese Krisen zerstören aber auch die zuvor geschaffenen Produktivkräfte

लेकिन ये संकट पहले से निर्मित उत्पादक शक्तियों को भी नष्ट कर देते हैं

In allen früheren Epochen wären diese Epidemien als Absurdität erschienen

पहले के सभी युगों में ये महामारियां एक बेतुकी लगती थीं

denn diese Epidemien sind die kommerziellen Krisen der Überproduktion

क्योंकि ये महामारियां अति-उत्पादन के वाणिज्यिक संकट हैं

Die Gesellschaft befindet sich plötzlich wieder in einem Zustand der momentanen Barbarei

समाज अचानक खुद को क्षणिक बर्बरता की स्थिति में वापस पाता है

als ob ein allgemeiner Verwüstungskrieg jede Möglichkeit des Lebensunterhalts abgeschnitten hätte

मानो तबाही के एक सार्वभौमिक युद्ध ने निर्वाह के हर साधन को काट दिया हो

Industrie und Handel scheinen zerstört worden zu sein; Und warum?

उद्योग और वाणिज्य नष्ट हो गए हैं; और क्यों?

Weil es zu viel Zivilisation und Subsistenzmittel gibt

क्योंकि बहुत अधिक सभ्यता और निर्वाह के साधन हैं

Und weil es zu viel Industrie und zu viel Handel gibt

और क्योंकि बहुत अधिक उद्योग है, और बहुत अधिक वाणिज्य है

Die Produktivkräfte, die der Gesellschaft zur Verfügung stehen, entwickeln nicht mehr das Bourgeoisie Eigentum

समाज के निपटान में उत्पादक शक्तियां अब पूंजीपति संपत्ति का विकास नहीं करती हैं

im Gegenteil, sie sind zu mächtig geworden für diese Verhältnisse, durch die sie gefesselt sind

इसके विपरीत, वे इन स्थितियों के लिए बहुत शक्तिशाली हो गए हैं, जिसके द्वारा वे बंधे हुए हैं

sobald sie diese Fesseln überwunden haben, bringen sie Unordnung in die ganze Bourgeoisie Gesellschaft

जैसे ही वे इन बेड़ियों पर काबू पा लेते हैं, वे पूरे बुर्जुआ समाज में अव्यवस्था ला देते हैं

und die Produktivkräfte gefährden die Existenz des Bourgeoisie Eigentums

और उत्पादक शक्तियाँ बुर्जुआ संपत्ति के अस्तित्व को खतरे में डालती हैं

Die Bedingungen der Bourgeoisie Gesellschaft sind zu eng, um den von ihnen geschaffenen Reichtum zu erfassen

बुर्जुआ समाज की स्थितियां इतनी संकीर्ण हैं कि उनके द्वारा बनाई गई संपत्ति को शामिल नहीं किया जा सकता है

Und wie überwindet die Bourgeoisie diese Krisen?

और पूंजीपति वर्ग इन संकटों से कैसे उबरता है?

Einerseits überwindet sie diese Krisen durch die erzwungene Vernichtung einer Masse von Produktivkräften

एक ओर, यह उत्पादक शक्तियों के एक बड़े पैमाने पर लागू विनाश द्वारा इन संकटों पर काबू पाता है

Andererseits überwindet sie diese Krisen durch die Eroberung neuer Märkte

दूसरी ओर, यह नए बाजारों की विजय द्वारा इन संकटों पर काबू पाता है

Und sie überwindet diese Krisen durch die gründlichere Ausbeutung der alten Produktivkräfte

और यह उत्पादन की पुरानी शक्तियों के अधिक गहन शोषण द्वारा इन संकटों पर काबू पाता है

Das heißt, indem sie den Weg für umfangreichere und zerstörerischere Krisen ebnen

यह कहना है, अधिक व्यापक और अधिक विनाशकारी संकटों का मार्ग प्रशस्त करके

Sie überwindet die Krise, indem sie die Mittel zur Krisenprävention einschränkt

यह उन साधनों को कम करके संकट पर काबू पाता है जिनसे संकटों को रोका जाता है

Die Waffen, mit denen die Bourgeoisie den Feudalismus zu Fall brachte, sind jetzt gegen sich selbst gerichtet

जिन हथियारों से पूंजीपति वर्ग ने सामंतवाद को जमीन पर गिरा दिया, वे अब अपने खिलाफ हो गए हैं

Aber die Bourgeoisie hat nicht nur die Waffen geschmiedet, die sich selbst den Tod bringen

लेकिन न केवल पूंजीपति वर्ग ने उन हथियारों को जाली बनाया है जो खुद को मौत लाते हैं

Sie hat auch die Männer ins Leben gerufen, die diese Waffen führen sollen

इसने उन लोगों को भी अस्तित्व में बुलाया है जिन्हें उन हथियारों को चलाना है

Und diese Männer sind die moderne Arbeiterklasse; Sie sind die Proletarier

और ये लोग आधुनिक श्रमिक वर्ग हैं; वे सर्वहारा हैं

In dem Maße, wie die Bourgeoisie entwickelt ist, entwickelt sich auch das Proletariat

जिस अनुपात में पूंजीपति वर्ग विकसित होता है, उसी अनुपात में सर्वहारा वर्ग का विकास होता है

Die moderne Arbeiterklasse entwickelte eine Klasse von Arbeitern

आधुनिक मजदूर वर्ग ने मजदूरों का एक वर्ग विकसित किया

Diese Klasse von Arbeitern lebt nur so lange, wie sie Arbeit findet

मजदूरों का यह वर्ग तभी तक जीवित रहता है जब तक उसे काम मिलता है

Und sie finden nur so lange Arbeit, wie ihre Arbeit das Kapital vermehrt

और उन्हें तभी तक काम मिलता है जब तक उनके श्रम से पूंजी बढ़ती है

Diese Arbeiter, die sich stückweise verkaufen müssen, sind eine Ware

ये मजदूर, जिन्हें खुद को टुकड़ों में बेचना पड़ता है, एक वस्तु हैं

Diese Arbeiter sind wie jeder andere Handelsartikel

ये मजदूर वाणिज्य के हर दूसरे लेख की तरह हैं

und sie sind folglich allen Wechselfällen des Wettbewerbs ausgesetzt

और परिणामस्वरूप वे प्रतिस्पर्धा के सभी उतार-चढ़ावों के संपर्क में आ जाते हैं

Sie müssen alle Schwankungen des Marktes überstehen

उन्हें बाजार के सभी उतार-चढ़ाव का सामना करना पड़ता है

Aufgrund des umfangreichen Maschineneinsatzes und der Arbeitsteilung

मशीनरी के व्यापक उपयोग और श्रम विभाजन के कारण

Die Arbeit der Proletarier hat jeden individuellen Charakter verloren

सर्वहारा वर्ग के काम ने सभी व्यक्तिगत चरित्र खो दिए हैं

Und folglich hat die Arbeit der Proletarier für den Arbeiter jeden Reiz verloren

और परिणामस्वरूप, सर्वहारा वर्ग के काम ने काम करने वाले के लिए सभी आकर्षण खो दिए हैं

Er wird zu einem Anhängsel der Maschine und nicht mehr zu dem Mann, der er einmal war

वह मशीन का एक उपांग बन जाता है, बजाय उस आदमी के जो वह एक बार था

Nur das einfachste, eintönigste und am leichtesten zu erwerbende Geschick wird von ihm verlangt

केवल सबसे सरल, नीरस और सबसे आसानी से अर्जित कौशल की आवश्यकता होती है

Daher sind die Produktionskosten eines Arbeiters begrenzt

इसलिए, एक कामगार के उत्पादन की लागत प्रतिबंधित है

sie beschränkt sich fast ausschließlich auf die Mittel zur Bestreitung des Lebensunterhalts, die er zu seinem Unterhalt benötigt

यह लगभग पूरी तरह से निर्वाह के साधनों तक ही सीमित है जो उसे अपने रखरखाव के लिए आवश्यक है

und sie beschränkt sich auf die Subsistenzmittel, die er zur Fortpflanzung seiner Rasse benötigt

और यह निर्वाह के साधनों तक ही सीमित है जो उसे अपनी जाति के प्रचार के लिए आवश्यक है

Aber der Preis einer Ware, also auch der Arbeit, ist gleich ihren Produktionskosten

लेकिन एक वस्तु की कीमत, और इसलिए श्रम की भी, उत्पादन की लागत के बराबर है

In dem Maße also, wie die Widerwärtigkeit der Arbeit zunimmt, sinkt der Lohn

अतः जिस अनुपात में कार्य की प्रतिकर्षण बढ़ती है, मजदूरी घटती जाती है

Ja, die Widerwärtigkeit seiner Arbeit nimmt sogar noch mehr zu

नहीं, उसके काम की प्रतिकर्षण और भी अधिक दर से बढ़ जाती है

In dem Maße, wie der Einsatz von Maschinen und die Arbeitsteilung zunehmen, steigt auch die Last der Arbeit

जैसे-जैसे मशीनरी का उपयोग और श्रम विभाजन बढ़ता है, वैसे-वैसे परिश्रम का बोझ भी बढ़ता जाता है

Die Arbeitsbelastung wird durch die Verlängerung der Arbeitszeit erhöht

काम के घंटों को लम्बा करने से परिश्रम का बोझ बढ़ जाता है

Dem Arbeiter wird in der gleichen Zeit mehr zugemutet als zuvor

पहले की तरह ही समय में मजदूर से अधिक की उम्मीद है

Und natürlich wird die Last der Arbeit durch die Geschwindigkeit der Maschinerie erhöht

और निश्चित रूप से मशीनरी की गति से परिश्रम का बोझ बढ़ जाता है

Die moderne Industrie hat die kleine Werkstatt des patriarchalischen Meisters in die große Fabrik des industriellen Kapitalisten verwandelt

आधुनिक उद्योग ने पितृसत्तात्मक मालिक की छोटी कार्यशाला को औद्योगिक पूंजीपति के महान कारखाने में बदल दिया है

Massen von Arbeitern, die in die Fabrik gedrängt sind, sind wie Soldaten organisiert

कारखाने में मजदूरों की भीड़, सैनिकों की तरह संगठित होती है

Als Gefreite der Industriearmee stehen sie unter dem Kommando einer vollkommenen Hierarchie von Offizieren und Unteroffizieren

औद्योगिक सेना के निजी के रूप में उन्हें अधिकारियों और सार्जेंटों के एक पूर्ण पदानुक्रम की कमान के तहत रखा गया है

sie sind nicht nur die Sklaven der Bourgeoisie und des Staates

वे न केवल बुर्जुआ वर्ग और राज्य के गुलाम हैं

Aber sie werden auch täglich und stündlich von der Maschine versklavt

लेकिन वे मशीन द्वारा दैनिक और प्रति घंटा गुलाम भी हैं

sie sind Sklaven des Aufsehers und vor allem des einzelnen Bourgeoisie Fabrikanten selbst

वे ओवर-लुकर द्वारा गुलाम हैं, और सबसे बढ़कर, व्यक्तिगत पूंजीपति निर्माता द्वारा स्वयं।

Je offener dieser Despotismus den Gewinn als seinen Zweck und sein Ziel proklamiert, desto kleinlicher, verhaßter und verbitterender ist er

जितना अधिक खुले तौर पर यह निरंकुशता लाभ को अपना अंत और उद्देश्य घोषित करती है, उतना ही क्षुद्र, अधिक घृणित और अधिक कटु होता है

Je mehr sich die moderne Industrie entwickelt, desto geringer sind die Unterschiede zwischen den Geschlechtern

जितना अधिक आधुनिक उद्योग विकसित होता है, लिंगों के बीच अंतर उतना ही कम होता है

Je geringer die Geschicklichkeit und Kraftanstrengung der Handarbeit ist, desto mehr wird die Arbeit der Männer von der der Frauen verdrängt

शारीरिक श्रम में निहित कौशल और शक्ति का परिश्रम जितना कम होता है, उतना ही अधिक पुरुषों का श्रम महिलाओं द्वारा प्रतिस्थापित किया जाता है

Alters- und Geschlechtsunterschiede haben für die Arbeiterklasse keine besondere gesellschaftliche Gültigkeit mehr

उम्र और लिंग के अंतर अब श्रमिक वर्ग के लिए कोई विशिष्ट सामाजिक वैधता नहीं है

Alle sind Arbeitsinstrumente, die je nach Alter und Geschlecht mehr oder weniger teuer zu gebrauchen sind

सभी श्रम के साधन हैं, उनकी उम्र और लिंग के अनुसार उपयोग करने के लिए कम या ज्यादा खर्चीला

sobald der Arbeiter seinen Lohn in bar erhält, wird er von den übrigen Teilen der Bourgeoisie angegriffen

जैसे ही मजदूर नकद में अपनी मजदूरी प्राप्त करता है, वह पूंजीपति वर्ग के अन्य हिस्सों द्वारा निर्धारित किया जाता है

der Vermieter, der Ladenbesitzer, der Pfandleiher usw

मकान मालिक, दुकानदार, साहूकार, आदि

Die unteren Schichten der Mittelschicht; die kleinen Handwerker und Ladenbesitzer

मध्यम वर्ग के निचले तबके; छोटे व्यापारी लोग और दुकानदार

die pensionierten Gewerbetreibenden überhaupt, die Handwerker und Bauern

आम तौर पर सेवानिवृत्त व्यापारी, और हस्तशिल्पी और किसान

all dies sinkt allmählich in das Proletariat ein

ये सभी धीरे-धीरे सर्वहारा वर्ग में डूब जाते हैं

theils deshalb, weil ihr winziges Kapital nicht ausreicht für den Maßstab, in dem die moderne Industrie betrieben wird

आंशिक रूप से क्योंकि उनकी कम पूंजी उस पैमाने के लिए पर्याप्त नहीं है जिस पर आधुनिक उद्योग चलाया जाता है

und weil sie in der Konkurrenz mit den Großkapitalisten überschwemmt wird

और क्योंकि यह बड़े पूंजीपतियों के साथ प्रतिस्पर्धा में दलदल में है

zum Teil deshalb, weil ihr spezialisiertes Können durch die neuen Produktionsmethoden wertlos wird

आंशिक रूप से क्योंकि उत्पादन के नए तरीकों से उनके विशेष कौशल को बेकार कर दिया जाता है

So rekrutiert sich das Proletariat aus allen Klassen der Bevölkerung

इस प्रकार सर्वहारा वर्ग को आबादी के सभी वर्गों से भर्ती किया जाता है

Das Proletariat durchläuft verschiedene Entwicklungsstufen

सर्वहारा वर्ग विकास के विभिन्न चरणों से गुजरता है

Mit ihrer Geburt beginnt der Kampf mit der Bourgeoisie

इसके जन्म के साथ पूंजीपति वर्ग के साथ इसका संघर्ष शुरू होता है

Zuerst wird der Kampf von einzelnen Arbeitern geführt

सबसे पहले प्रतियोगिता व्यक्तिगत मजदूरों द्वारा की जाती है

Dann wird der Kampf von den Arbeitern einer Fabrik ausgetragen

फिर प्रतियोगिता एक कारखाने के श्रमिकों द्वारा की जाती है

Dann wird der Kampf von den Arbeitern eines Gewerbes an einem Ort ausgetragen

फिर प्रतियोगिता एक इलाके में एक व्यापार के गुर्गों द्वारा की जाती है

und der Kampf richtet sich dann gegen die einzelne Bourgeoisie, die sie direkt ausbeutet

और प्रतियोगिता तब व्यक्तिगत पूंजीपति वर्ग के खिलाफ होती है जो सीधे उनका शोषण करता है

Sie richten ihre Angriffe nicht gegen die Bourgeoisie Produktionsbedingungen

वे अपने हमलों को उत्पादन की बुर्जुआ परिस्थितियों के खिलाफ निर्देशित नहीं करते हैं

aber sie richten ihren Angriff gegen die Produktionsmittel selbst

लेकिन वे उत्पादन के साधनों के खिलाफ अपने हमले को निर्देशित करते हैं

Sie vernichten importierte Waren, die mit ihrer Arbeitskraft konkurrieren

वे आयातित माल को नष्ट कर देते हैं जो उनके श्रम के साथ प्रतिस्पर्धा करते हैं

Sie zertrümmern Maschinen und setzen Fabriken in Brand

वे मशीनरी को टुकड़े-टुकड़े कर देते हैं और कारखानों में आग लगा देते हैं

sie versuchen, den verschwundenen Status des Arbeiters des Mittelalters mit Gewalt wiederherzustellen

वे मध्य युग के कामगार की लुप्त स्थिति को बलपूर्वक बहाल करना चाहते हैं

In diesem Stadium bilden die Arbeiter noch eine unzusammenhängende Masse, die über das ganze Land verstreut ist

इस स्तर पर मजदूर अभी भी पूरे देश में बिखरे हुए एक असंगत द्रव्यमान का निर्माण करते हैं

und sie werden durch ihre gegenseitige Konkurrenz zerrissen

और वे अपनी आपसी प्रतिस्पर्धा से टूट गए हैं

Wenn sie sich irgendwo zu kompakteren Körpern vereinigen, so ist dies noch nicht die Folge ihrer eigenen aktiven Vereinigung

यदि कहीं भी वे अधिक कॉम्पैक्ट निकाय बनाने के लिए एकजुट होते हैं, तो यह अभी तक उनके स्वयं के सक्रिय संघ का परिणाम नहीं है

aber es ist eine Folge der Vereinigung der Bourgeoisie, ihre eigenen politischen Ziele zu erreichen

लेकिन यह पूंजीपति वर्ग के मिलन का परिणाम है, अपने स्वयं के राजनीतिक सिरों को प्राप्त करने के लिए

die Bourgeoisie ist gezwungen, das ganze Proletariat in Bewegung zu setzen

पूंजीपति वर्ग पूरे सर्वहारा वर्ग को गति में स्थापित करने के लिए मजबूर है

und überdies ist die Bourgeoisie eine Zeitlang dazu in der Lage

और इसके अलावा, कुछ समय के लिए, पूंजीपति वर्ग ऐसा करने में सक्षम है

In diesem Stadium kämpfen die Proletarier also nicht gegen ihre Feinde

इसलिए, इस स्तर पर, सर्वहारा अपने दुश्मनों से नहीं लड़ता है

Stattdessen kämpfen sie gegen die Feinde ihrer Feinde

लेकिन इसके बजाय वे अपने दुश्मनों के दुश्मनों से लड़ रहे हैं

Der Kampf gegen die Überreste der absoluten Monarchie und die Großgrundbesitzer

पूर्ण राजशाही और भूस्वामियों के अवशेषों से लड़ाई

sie bekämpfen die nicht-industrielle Bourgeoisie; das Kleiliche Bourgeoisie

वे गैर-औद्योगिक पूंजीपति वर्ग से लड़ते हैं; क्षुद्र पूंजीपति वर्ग

So ist die ganze historische Bewegung in den Händen der Bourgeoisie konzentriert

इस प्रकार पूरा ऐतिहासिक आंदोलन पूंजीपति वर्ग के हाथों में केंद्रित है

jeder so errungene Sieg ist ein Sieg der Bourgeoisie

इस प्रकार प्राप्त हर जीत पूंजीपति वर्ग की जीत है

Aber mit der Entwicklung der Industrie wächst nicht nur die Zahl des Proletariats

लेकिन उद्योग के विकास के साथ सर्वहारा न केवल संख्या में वृद्धि करता है

das Proletariat konzentriert sich in größeren Massen und seine Kraft wächst

सर्वहारा अधिक से अधिक जनसमूह में केंद्रित हो जाता है और उसकी ताकत बढ़ती है

und das Proletariat spürt diese Kraft mehr und mehr

और सर्वहारा उस ताकत को अधिक से अधिक महसूस करता है

Die verschiedenen Interessen und Lebensbedingungen in den Reihen des Proletariats gleichen sich mehr und mehr an

सर्वहारा वर्ग के रैंकों के भीतर जीवन के विभिन्न हित और स्थितियां अधिक से अधिक समान हैं

sie werden in dem Maße größer, wie die Maschinerie alle Unterschiede der Arbeit verwischt

वे अनुपात में अधिक हो जाते हैं क्योंकि मशीनरी श्रम के सभी भेदों को मिटा देती है

Und die Maschinen senken fast überall die Löhne auf das gleiche niedrige Niveau

और मशीनरी लगभग हर जगह मजदूरी को समान निम्न स्तर तक कम कर देती है

Die wachsende Konkurrenz der Bourgeoisie und die daraus resultierenden Handelskrisen lassen die Löhne der Arbeiter immer schwankender

पूंजीपति वर्ग के बीच बढ़ती प्रतिस्पर्धा, और परिणामस्वरूप वाणिज्यिक संकट, श्रमिकों की मजदूरी को और अधिक उतार-चढ़ाव बनाते हैं

Die unaufhörliche Verbesserung der sich immer schneller entwickelnden Maschinen macht ihren Lebensunterhalt immer prekärer

मशीनरी का निरंतर सुधार, कभी अधिक तेजी से विकसित हो रहा है, उनकी आजीविका को अधिक से अधिक अनिश्चित बना देता है

die Kollisionen zwischen einzelnen Arbeitern und einzelnen Bourgeoisien nehmen immer mehr den Charakter von Zusammenstößen zwischen zwei Klassen an

व्यक्तिगत श्रमिकों और व्यक्तिगत पूंजीपति वर्ग के बीच टकराव दो वर्गों के बीच टकराव के चरित्र को अधिक से अधिक लेते हैं

Darauf beginnen die Arbeiter, sich gegen die Bourgeoisie zu verbünden (Gewerkschaften)

इसके बाद मजदूर पूंजीपति वर्ग के खिलाफ संयोजन (ट्रेड यूनियन) बनाने लगते हैं

Sie schließen sich zusammen, um die Löhne hoch zu halten

मजदूरी की दर को बनाए रखने के लिए वे एक साथ क्लब करते हैं

sie gründeten ständige Vereinigungen, um für diese gelegentlichen Revolten im voraus Vorsorge zu treffen

इन सामयिक विद्रोहों के लिए पहले से प्रावधान करने के लिए उन्हें स्थायी संघ मिले

Hier und da bricht der Wettkampf in Ausschreitungen aus

इधर-उधर की प्रतियोगिता दंगों में बदल जाती है

Hin und wieder siegen die Arbeiter, aber nur für eine gewisse Zeit

अब और फिर कार्यकर्ता विजयी होते हैं, लेकिन केवल कुछ समय के लिए

Die wirkliche Frucht ihrer Kämpfe liegt nicht in den unmittelbaren Ergebnissen, sondern in der immer größer werdenden Vereinigung der Arbeiter

उनकी लड़ाइयों का असली फल तात्कालिक परिणाम में नहीं, बल्कि मज़दूरों की लगातार बढ़ती यूनियन में है

Diese Vereinigung wird durch die verbesserten Kommunikationsmittel unterstützt, die von der modernen Industrie geschaffen werden

इस संघ को आधुनिक उद्योग द्वारा बनाए गए संचार के बेहतर साधनों द्वारा मदद की जाती है

Die moderne Kommunikation bringt die Arbeiter verschiedener Orte miteinander in Kontakt

आधुनिक संचार विभिन्न इलाकों के श्रमिकों को एक दूसरे के संपर्क में रखता है

Es war gerade dieser Kontakt, der nötig war, um die zahlreichen lokalen Kämpfe zu einem nationalen Kampf zwischen den Klassen zu zentralisieren

यह सिर्फ वह संपर्क था जो कई स्थानीय संघर्षों को वर्गों के बीच एक राष्ट्रीय संघर्ष में केंद्रीकृत करने के लिए आवश्यक था

Alle diese Kämpfe haben den gleichen Charakter, und jeder Klassenkampf ist ein politischer Kampf

ये सभी संघर्ष एक ही चरित्र के हैं, और हर वर्ग संघर्ष एक राजनीतिक संघर्ष है

die Bürger des Mittelalters mit ihren elenden Landstraßen brauchten Jahrhunderte, um ihre Vereinigungen zu bilden

मध्य युग के बर्गर, अपने दयनीय राजमार्गों के साथ, अपनी यूनियनों को बनाने के लिए सदियों की आवश्यकता थी

Die modernen Proletarier erreichen dank der Eisenbahn ihre Gewerkschaften innerhalb weniger Jahre

आधुनिक सर्वहारा, रेलवे के लिए धन्यवाद, कुछ वर्षों के भीतर अपनी यूनियनों को प्राप्त करते हैं

Diese Organisation der Proletarier zu einer Klasse formte sie folglich zu einer politischen Partei

सर्वहारा वर्ग को एक वर्ग में बाँटने के इस संगठन ने फलस्वरूप उन्हें एक राजनीतिक दल बना दिया

Die politische Klasse wird immer wieder durch die
Konkurrenz zwischen den Arbeitern selbst verärgert

खुद मजदूरों के बीच होड़ से राजनीतिक वर्ग लगातार परेशान हो रहा है

Aber die politische Klasse erhebt sich weiter, stärker, fester,
mächtiger

लेकिन राजनीतिक वर्ग फिर से ऊपर उठना जारी रखता है, मजबूत, दृढ़,
शक्तिशाली

Er zwingt zur gesetzgeberischen Anerkennung der
besonderen Interessen der Arbeitnehmer

यह श्रमिकों के विशेष हितों की विधायी मान्यता को मजबूर करता है

sie tut dies, indem sie sich die Spaltungen innerhalb der
Bourgeoisie selbst zunutze macht

यह पूंजीपति वर्ग के बीच विभाजन का लाभ उठाकर ऐसा करता है

Damit wurde das Zehnstundengesetz in England in Kraft
gesetzt

इस प्रकार इंग्लैंड में दस घंटे के बिल को कानून में डाल दिया गया

in vielerlei Hinsicht ist der Zusammenstoß zwischen den
Klassen der alten Gesellschaft ferner der Entwicklungsgang
des Proletariats

कई मायनों में पुराने समाज के वर्गों के बीच टकराव सर्वहारा वर्ग के विकास
का पाठ्यक्रम है

Die Bourgeoisie befindet sich in einem ständigen Kampf

पूंजीपति वर्ग खुद को एक निरंतर लड़ाई में शामिल पाता है

Zuerst wird sie sich in einem ständigen Kampf mit der
Aristokratie wiederfinden

सबसे पहले यह खुद को अभिजात वर्ग के साथ निरंतर लड़ाई में शामिल
पाएगा

später wird sie sich in einem ständigen Kampf mit diesen
Teilen der Bourgeoisie selbst wiederfinden

बाद में यह खुद को पूंजीपति वर्ग के उन हिस्सों के साथ निरंतर लड़ाई में
शामिल पाएगा

und ihre Interessen werden dem Fortschritt der Industrie
entgegengesetzt sein

और उनके हित उद्योग की प्रगति के विरोधी हो गए होंगे

zu allen Zeiten werden ihre Interessen mit der Bourgeoisie
fremder Länder in Konflikt geraten sein

हर समय, उनके हित विदेशी देशों के पूंजीपति वर्ग के साथ विरोधी हो गए
होंगे

In allen diesen Kämpfen sieht sie sich genötigt, an das
Proletariat zu appellieren, und bittet es um Hilfe

इन सभी लड़ाइयों में यह खुद को सर्वहारा वर्ग से अपील करने के लिए
मजबूर देखता है, और उसकी मदद मांगता है

Und so wird sie sich gezwungen sehen, sie in die politische
Arena zu zerren

और इस प्रकार, यह इसे राजनीतिक क्षेत्र में घसीटने के लिए मजबूर महसूस
करेगा

Die Bourgeoisie selbst versorgt also das Proletariat mit ihren
eigenen Instrumenten der politischen und allgemeinen
Erziehung

इसलिए, पूंजीपति वर्ग स्वयं सर्वहारा वर्ग को राजनीतिक और सामान्य शिक्षा
के अपने उपकरणों की आपूर्ति करता है

mit anderen Worten, sie liefert dem Proletariat Waffen für
den Kampf gegen die Bourgeoisie

दूसरे शब्दों में, यह पूंजीपति वर्ग से लड़ने के लिए सर्वहारा वर्ग को हथियारों
के साथ प्रस्तुत करता है

Ferner werden, wie wir schon gesehen haben, ganze
Schichten der herrschenden Klassen in das Proletariat
hineingestürzt

इसके अलावा, जैसा कि हम पहले ही देख चुके हैं, शासक वर्गों के पूरे हिस्से
सर्वहारा वर्ग में अवक्षेपित हैं

der Fortschritt der Industrie saugt sie in das Proletariat
hinein

उद्योग की उन्नति उन्हें सर्वहारा वर्ग में चूस लेती है

oder zumindest sind sie in ihren Existenzbedingungen
bedroht

या, कम से कम, उन्हें उनके अस्तित्व की स्थितियों में धमकी दी जाती है

Diese versorgen auch das Proletariat mit frischen Elementen
der Aufklärung und des Fortschritts

ये सर्वहारा वर्ग को ज्ञान और प्रगति के नए तत्वों की आपूर्ति भी करते हैं

Endlich, in Zeiten, in denen sich der Klassenkampf der
entscheidenden Stunde nähert

अंत में, ऐसे समय में जब वर्ग संघर्ष निर्णायक घंटे के करीब होता है

Der Auflösungsprozess innerhalb der herrschenden Klasse

शासक वर्ग के भीतर चल रही विघटन की प्रक्रिया

In der Tat wird die Auflösung, die sich innerhalb der herrschenden Klasse vollzieht, in der gesamten Bandbreite der Gesellschaft zu spüren sein

वास्तव में, शासक वर्ग के भीतर चल रहे विघटन को समाज के पूरे दायरे में महसूस किया जाएगा

Sie wird einen so gewalttätigen, krassen Charakter annehmen, dass ein kleiner Teil der herrschenden Klasse sich selbst abtreibt

यह इतना हिंसक, चकाचौंध भरा चरित्र धारण कर लेगा कि शासक वर्ग का एक छोटा सा हिस्सा खुद को भटका देगा

Und diese herrschende Klasse wird sich der revolutionären Klasse anschließen

और वह शासक वर्ग क्रांतिकारी वर्ग में शामिल हो जाएगा

Die revolutionäre Klasse ist die Klasse, die die Zukunft in ihren Händen hält

क्रांतिकारी वर्ग वह वर्ग है जो भविष्य को अपने हाथों में रखता है

Wie in früheren Zeiten ging ein Teil des Adels zur Bourgeoisie über

ठीक पहले की अवधि की तरह, बड़प्पन का एक वर्ग पूंजीपति वर्ग के पास चला गया

ebenso wird ein Teil der Bourgeoisie zum Proletariat übergehen

उसी तरह पूंजीपति वर्ग का एक हिस्सा सर्वहारा वर्ग के पास चला जाएगा

insbesondere wird ein Teil der Bourgeoisie zu einem Teil der Bourgeoisie Ideologen übergehen

विशेष रूप से, पूंजीपति वर्ग का एक हिस्सा बुर्जुआ विचारकों के एक हिस्से में चला जाएगा

Bourgeoisie Ideologen, die sich auf die Ebene erhoben haben, die historische Bewegung als Ganzes theoretisch zu begreifen

बुर्जुआ विचारक जिन्होंने खुद को सैद्धांतिक रूप से ऐतिहासिक आंदोलन को समग्र रूप से समझने के स्तर तक उठाया है

Von allen Klassen, die heute der Bourgeoisie gegenüberstehen, ist das Proletariat allein eine wirklich revolutionäre Klasse

आज बुर्जुआ वर्ग के साथ आमने-सामने खड़े सभी वर्गों में से, अकेले सर्वहारा वर्ग वास्तव में एक क्रांतिकारी वर्ग है

Die anderen Klassen zerfallen und verschwinden schließlich im Angesicht der modernen Industrie

अन्य वर्ग आधुनिक उद्योग के सामने क्षय हो जाते हैं और अंततः गायब हो जाते हैं

das Proletariat ist ihr besonderes und wesentliches Produkt

सर्वहारा उसका विशेष और आवश्यक उत्पाद है

Die untere Mittelschicht, der kleine Fabrikant, der Ladenbesitzer, der Handwerker, der Bauer

निम्न मध्यम वर्ग, छोटा निर्माता, दुकानदार, कारीगर, किसान

all diese Kämpfe gegen die Bourgeoisie

ये सभी पूंजीपति वर्ग के खिलाफ लड़ते हैं

Sie kämpfen als Fraktionen der Mittelschicht, um sich vor dem Aussterben zu retten

वे खुद को विलुप्त होने से बचाने के लिए मध्यम वर्ग के अंश के रूप में लड़ते हैं

Sie sind also nicht revolutionär, sondern konservativ

इसलिए वे क्रांतिकारी नहीं हैं, लेकिन रूढ़िवादी हैं

Ja, mehr noch, sie sind reaktionär, denn sie versuchen, das Rad der Geschichte zurückzudrehen

और नहीं, वे प्रतिक्रियावादी हैं, क्योंकि वे इतिहास के पहिये को पीछे घुमाने की कोशिश करते हैं

Wenn sie zufällig revolutionär sind, so sind sie es nur im Hinblick auf ihre bevorstehende Überführung in das Proletariat

यदि संयोग से वे क्रांतिकारी हैं, तो वे केवल सर्वहारा वर्ग में उनके आसन्न स्थानांतरण को देखते हुए हैं

Sie verteidigen also nicht ihre gegenwärtigen, sondern ihre zukünftigen Interessen

इस प्रकार वे अपने वर्तमान की नहीं, बल्कि अपने भविष्य के हितों की रक्षा करते हैं

sie verlassen ihren eigenen Standpunkt, um sich auf den des Proletariats zu stellen

वे सर्वहारा वर्ग के उस पर खुद को रखने के लिए अपने स्वयं के दृष्टिकोण को छोड़ देते हैं

Die »gefährliche Klasse«, der soziale Abschaum, diese passiv verrottende Masse, die von den untersten Schichten der alten Gesellschaft abgeworfen wird

"खतरनाक वर्ग," सामाजिक मैल, जो पुराने समाज की सबसे निचली परतों द्वारा फेंके गए निष्क्रिय रूप से सड़ते हुए द्रव्यमान को फेंक देता है

sie können hier und da von einer proletarischen Revolution in die Bewegung hineingerissen werden

वे यहां-वहां सर्वहारा क्रांति से आंदोलन में बह सकते हैं

Seine Lebensbedingungen bereiten ihn jedoch viel mehr auf die Rolle eines bestochenen Werkzeugs reaktionärer Intrigen vor

जीवन की अपनी स्थितियों, तथापि, प्रतिक्रियावादी साज़िश का एक रिश्वत उपकरण के हिस्से के लिए कहीं अधिक यह तैयार

In den Verhältnissen des Proletariats sind die Verhältnisse der alten Gesellschaft im Allgemeinen bereits praktisch überschwemmt

सर्वहारा वर्ग की स्थितियों में, बड़े पैमाने पर पुराने समाज के लोग पहले से ही लगभग दलदल में हैं

Der Proletarier ist ohne Eigentum

सर्वहारा संपत्ति के बिना है

sein Verhältnis zu Frau und Kindern hat mit den Familienverhältnissen der Bourgeoisie nichts mehr gemein

अपनी पत्नी और बच्चों के साथ उनके संबंध में अब पूंजीपति वर्ग के पारिवारिक संबंधों के साथ कुछ भी सामान्य नहीं है

moderne industrielle Arbeit, moderne Unterwerfung unter das Kapital, dasselbe in England wie in Frankreich, in Amerika wie in Deutschland

आधुनिक औद्योगिक श्रम, पूंजी की आधुनिक अधीनता, इंग्लैंड में फ्रांस के समान, अमेरिका में जर्मनी के रूप में

Seine Stellung in der Gesellschaft hat ihm jede Spur von nationalem Charakter genommen

समाज में उनकी स्थिति ने उन्हें राष्ट्रीय चरित्र के हर निशान से छीन लिया है

Gesetz, Moral, Religion sind für ihn so viele Bourgeoisie Vorurteile

कानून, नैतिकता, धर्म, उसके लिए इतने सारे बुर्जुआ पूर्वाग्रह हैं

und hinter diesen Vorurteilen lauern ebenso viele
Bourgeoisie Interessen

और इन पूर्वाग्रहों के पीछे घात में दुबके हुए हैं जैसे कि कई बुर्जुआ हित

Alle vorhergehenden Klassen, die die Oberhand gewannen,
versuchten, ihren bereits erworbenen Status zu festigen

सभी पूर्ववर्ती वर्गों ने ऊपरी हाथ प्राप्त किया, अपनी पहले से ही अर्जित
स्थिति को मजबूत करने की मांग की

Sie taten dies, indem sie die Gesellschaft als Ganzes ihren
Aneignungsbedingungen unterwarfen

उन्होंने बड़े पैमाने पर समाज को विनियोग की अपनी शर्तों के अधीन करके
ऐसा किया

Die Proletarier können nicht Herren der Produktivkräfte der
Gesellschaft werden

सर्वहारा वर्ग समाज की उत्पादक शक्तियों का स्वामी नहीं बन सकता

Sie kann dies nur tun, indem sie ihre eigene bisherige
Aneignungsweise abschafft

यह केवल विनियोग के अपने पिछले मोड को समाप्त करके ऐसा कर
सकता है

Und damit hebt sie auch jede andere bisherige
Aneignungsweise auf

और इस तरह यह विनियोग के हर दूसरे पिछले मोड को भी समाप्त कर
देता है

Sie haben nichts Eigenes zu sichern und zu festigen

उनके पास सुरक्षित करने और मजबूत करने के लिए अपना कुछ भी नहीं है

Ihre Aufgabe ist es, alle bisherigen Sicherheiten und
Versicherungen für individuelles Eigentum zu vernichten

उनका मिशन व्यक्तिगत संपत्ति के लिए सभी पिछली प्रतिभूतियों और बीमा
को नष्ट करना है

Alle bisherigen historischen Bewegungen waren
Bewegungen von Minderheiten

पिछले सभी ऐतिहासिक आंदोलन अल्पसंख्यकों के आंदोलन थे

oder es handelte sich um Bewegungen im Interesse von
Minderheiten

या वे अल्पसंख्यकों के हित में आंदोलन थे

Die proletarische Bewegung ist die selbstbewusste,
selbständige Bewegung der ungeheuren Mehrheit

सर्वहारा आंदोलन विशाल बहुमत का आत्म-जागरूक, स्वतंत्र आंदोलन है

Und es ist eine Bewegung im Interesse der großen Mehrheit

और यह विशाल बहुमत के हितों में एक आंदोलन है

Das Proletariat, die unterste Schicht unserer heutigen Gesellschaft

सर्वहारा वर्ग, हमारे वर्तमान समाज का सबसे निचला स्तर

Sie kann sich nicht regen oder erheben, ohne daß die ganze übergeordnete Schicht der offiziellen Gesellschaft in die Luft geschleudert wird

यह आधिकारिक समाज के पूरे अधीक्षण स्तर को हवा में उछाले बिना खुद को हिला या उठा नहीं सकता है

Der Kampf des Proletariats mit der Bourgeoisie ist, wenn auch nicht der Substanz nach, doch zunächst ein nationaler Kampf

हालांकि सार में नहीं, फिर भी रूप में, पूंजीपति वर्ग के साथ सर्वहारा वर्ग का संघर्ष पहले एक राष्ट्रीय संघर्ष है

Das Proletariat eines jeden Landes muss natürlich vor allem mit seiner eigenen Bourgeoisie abrechnen

प्रत्येक देश के सर्वहारा वर्ग को, निश्चित रूप से, सबसे पहले, अपने स्वयं के पूंजीपति वर्ग के साथ मामलों का निपटारा करना चाहिए

Indem wir die allgemeinsten Phasen der Entwicklung des Proletariats schilderten, verfolgten wir den mehr oder weniger verhüllten Bürgerkrieg

सर्वहारा वर्ग के विकास के सबसे सामान्य चरणों का चित्रण करने में, हमने कमोबेश घूंघट वाले गृहयुद्ध का पता लगाया

Diese Zivilgesellschaft wütet in der bestehenden Gesellschaft

यह नागरिक मौजूदा समाज के भीतर उग्र है

Er wird bis zu dem Punkt wüten, an dem dieser Krieg in eine offene Revolution ausbricht

यह उस बिंदु तक बढ़ जाएगा जहां वह युद्ध खुली क्रांति में टूट जाता है

und dann legt der gewaltsame Sturz der Bourgeoisie die Grundlage für die Herrschaft des Proletariats

और फिर पूंजीपति वर्ग का हिंसक तख्तापलट सर्वहारा वर्ग के बोलबाला की नींव रखता है

Bisher beruhte jede Gesellschaftsform, wie wir bereits gesehen haben, auf dem Antagonismus unterdrückender und unterdrückter Klassen

अब तक, समाज का हर रूप, जैसा कि हम पहले ही देख चुके हैं, उत्पीड़ित और उत्पीड़ित वर्गों के विरोध पर आधारित रहा है

Um aber eine Klasse zu unterdrücken, müssen ihr gewisse Bedingungen zugesichert werden

लेकिन एक वर्ग पर अत्याचार करने के लिए, कुछ शर्तों का आश्वासन दिया जाना चाहिए

Die Klasse muss unter Bedingungen gehalten werden, unter denen sie wenigstens ihre sklavische Existenz fortsetzen kann

वर्ग को उन परिस्थितियों में रखा जाना चाहिए जिनमें वह कम से कम अपने दासतापूर्ण अस्तित्व को जारी रख सके

Der Leibeigene erhob sich in der Zeit der Leibeigenschaft zum Mitglied der Kommune

सर्फ़, सर्फ़डम की अवधि में, खुद को कम्यून में सदस्यता के लिए उठाया

so wie es dem Kleinbourgeoisie unter dem Joch des feudalen Absolutismus gelang, sich zur Bourgeoisie zu entwickeln

जिस तरह सामंती निरंकुशता के जुए के नीचे क्षुद्र पूंजीपति वर्ग एक बुर्जुआ के रूप में विकसित होने में कामयाब रहा

Der moderne Arbeiter dagegen sinkt, anstatt sich mit dem Fortschritt der Industrie zu erheben, immer tiefer

आधुनिक मजदूर, इसके विपरीत, उद्योग की प्रगति के साथ बढ़ने के बजाय, गहरे और गहरे डूबते हैं

Er sinkt unter die Existenzbedingungen seiner eigenen Klasse

वह अपने ही वर्ग के अस्तित्व की शर्तों से नीचे डूब जाता है

Er wird ein Bettler, und der Pauperismus entwickelt sich schneller als Bevölkerung und Reichtum

वह एक कंगाल बन जाता है, और जनसंख्या और धन की तुलना में कंगाली अधिक तेजी से विकसित होती है

Und hier zeigt sich, dass die Bourgeoisie nicht mehr geeignet ist, die herrschende Klasse in der Gesellschaft zu sein

और यहाँ यह स्पष्ट हो जाता है, कि पूंजीपति वर्ग अब समाज में शासक वर्ग होने के लिए अयोग्य है

und sie ist ungeeignet, der Gesellschaft ihre
Existenzbedingungen als übergeordnetes Gesetz
aufzuzwingen

और यह एक ओवर-राइडिंग कानून के रूप में समाज पर अपने अस्तित्व की
शर्तों को लागू करने के लिए अयोग्य है

Sie ist unfähig zu herrschen, weil sie unfähig ist, ihrem
Sklaven in seiner Sklaverei eine Existenz zu sichern

यह शासन करने के लिए अयोग्य है क्योंकि यह अपनी गुलामी के भीतर
अपने दास को अस्तित्व का आश्वासन देने में असमर्थ है

denn sie kann nicht anders, als ihn in einen solchen Zustand
sinken zu lassen, daß sie ihn ernähren muss, statt von ihm
gefüttert zu werden

क्योंकि यह उसे ऐसी स्थिति में डूबने में मदद नहीं कर सकता है, कि उसे
उसके द्वारा खिलाए जाने के बजाय उसे खिलाना पड़े

Die Gesellschaft kann nicht länger unter dieser Bourgeoisie
leben

समाज अब इस पूंजीपति वर्ग के अधीन नहीं रह सकता

Mit anderen Worten, ihre Existenz ist nicht mehr mit der
Gesellschaft vereinbar

दूसरे शब्दों में, इसका अस्तित्व अब समाज के अनुकूल नहीं है

Die wesentliche Bedingung für die Existenz und die
Herrschaft der Bourgeoisie Klasse ist die Bildung und
Vermehrung des Kapitals

अस्तित्व के लिए और बुर्जुआ वर्ग के प्रभुत्व के लिए आवश्यक शर्त, पूंजी का
गठन और वृद्धि है

Die Bedingung für das Kapital ist Lohnarbeit

पूंजी के लिए शर्त मजदूरी-श्रम है

Die Lohnarbeit beruht ausschließlich auf der Konkurrenz
zwischen den Arbeitern

मजदूरी-श्रम विशेष रूप से मजदूरों के बीच प्रतिस्पर्धा पर टिका हुआ है

Der Fortschritt der Industrie, deren unfreiwilliger Förderer
die Bourgeoisie ist, tritt an die Stelle der Isolierung der
Arbeiter

उद्योग की उन्नति, जिसका अनैच्छिक प्रवर्तक पूंजीपति वर्ग है, मजदूरों के
अलगाव की जगह लेता है

durch die Konkurrenz, durch ihre revolutionäre
Kombination, durch die Assoziation

प्रतिस्पर्धा के कारण, उनके क्रांतिकारी संयोजन के कारण, संघ के कारण

Die Entwicklung der modernen Industrie schneidet ihr die
Grundlage unter den Füßen weg, auf der die Bourgeoisie
Produkte produziert und sich aneignet

आधुनिक उद्योग का विकास उसके पैरों के नीचे से उस नींव को काटता है
जिस पर पूंजीपति वर्ग उत्पादों का उत्पादन और विनियोजन करता है

Was die Bourgeoisie vor allem produziert, sind ihre eigenen
Totengräber

पूंजीपति वर्ग जो पैदा करता है, सबसे बढ़कर, वह है अपनी कब्र खोदने वाले

Der Sturz der Bourgeoisie und der Sieg des Proletariats sind
gleichermaßen unvermeidlich

पूंजीपति वर्ग का पतन और सर्वहारा वर्ग की जीत समान रूप से अपरिहार्य हैं

Proletarier und Kommunisten
सर्वहारा और कम्युनिस्ट

In welchem Verhältnis stehen die Kommunisten zu den Proletariern insgesamt?

कम्युनिस्टों का सर्वहारा वर्ग से क्या संबंध है?

Die Kommunisten bilden keine eigene Partei, die anderen Arbeiterparteien entgegengesetzt ist

कम्युनिस्ट अन्य मजदूर वर्ग की पार्टियों के विरोध में एक अलग पार्टी नहीं बनाते हैं

Sie haben keine Interessen, die von denen des Proletariats als Ganzes getrennt und getrennt sind

उनका कोई अलग और समग्र रूप से सर्वहारा वर्ग से अलग कोई हित नहीं है

Sie stellen keine eigenen sektiererischen Prinzipien auf, nach denen sie die proletarische Bewegung formen und formen könnten

वे अपना कोई सांप्रदायिक सिद्धांत स्थापित नहीं करते हैं, जिसके द्वारा सर्वहारा आंदोलन को आकार दिया जाए और ढाला जाए

Die Kommunisten unterscheiden sich von den anderen Arbeiterparteien nur durch zwei Dinge

कम्युनिस्टों को अन्य मजदूर वर्ग की पार्टियों से केवल दो चीजों से अलग किया जाता है

Erstens: Sie weisen auf die gemeinsamen Interessen des gesamten Proletariats hin und bringen sie in den Vordergrund, unabhängig von jeder Nationalität

सबसे पहले, वे सभी राष्ट्रीयताओं से स्वतंत्र रूप से पूरे सर्वहारा वर्ग के सामान्य हितों को इंगित करते हैं और सामने लाते हैं

Das tun sie in den nationalen Kämpfen der Proletarier der verschiedenen Länder

यह वे विभिन्न देशों के सर्वहारा वर्ग के राष्ट्रीय संघर्षों में करते हैं

Zweitens vertreten sie immer und überall die Interessen der gesamten Bewegung

दूसरे, वे हमेशा और हर जगह समग्र रूप से आंदोलन के हितों का प्रतिनिधित्व करते हैं

das tun sie in den verschiedenen Entwicklungsstadien, die der Kampf der Arbeiterklasse gegen die Bourgeoisie zu durchlaufen hat

यह वे विकास के विभिन्न चरणों में करते हैं, जिससे पूंजीपति वर्ग के खिलाफ मजदूर वर्ग के संघर्ष को गुजरना पड़ता है

Die Kommunisten sind also auf der einen Seite praktisch der fortschrittlichste und entschiedenste Teil der Arbeiterparteien eines jeden Landes

इसलिए, एक तरफ, व्यावहारिक रूप से, कम्युनिस्ट हर देश की मज़दूर वर्ग की पार्टियों का सबसे उन्नत और दृढ़ हिस्सा हैं

Sie sind der Teil der Arbeiterklasse, der alle anderen vorantreibt

वे मजदूर वर्ग का वह हिस्सा हैं जो अन्य सभी को आगे बढ़ाता है

Theoretisch haben sie auch den Vorteil, dass sie die Marschlinie klar verstehen

सैद्धांतिक रूप से, उन्हें मार्च की रेखा को स्पष्ट रूप से समझने का लाभ भी है

Das verstehen sie besser im Vergleich zu der großen Masse des Proletariats

सर्वहारा वर्ग के महान जन की तुलना में वे इसे बेहतर समझते हैं

Sie verstehen die Bedingungen und die letzten allgemeinen Ergebnisse der proletarischen Bewegung

वे सर्वहारा आंदोलन की स्थितियों और अंतिम सामान्य परिणामों को समझते हैं

Das unmittelbare Ziel des Kommunisten ist dasselbe wie das aller anderen proletarischen Parteien

कम्युनिस्टों का तात्कालिक उद्देश्य वही है जो अन्य सभी सर्वहारा पार्टियों का है

Ihr Ziel ist die Formierung des Proletariats zu einer Klasse

उनका उद्देश्य सर्वहारा वर्ग को एक वर्ग में बनाना है

sie zielen darauf ab, die Vorherrschaft der Bourgeoisie zu stürzen

उनका उद्देश्य पूंजीपति वर्ग के वर्चस्व को उखाड़ फेंकना है

das Streben nach politischer Machteroberung durch das Proletariat

सर्वहारा वर्ग द्वारा राजनीतिक सत्ता की विजय के लिए प्रयास

Die theoretischen Schlußfolgerungen der Kommunisten beruhen in keiner Weise auf Ideen oder Prinzipien der Reformer

कम्युनिस्टों के सैद्धांतिक निष्कर्ष किसी भी तरह से सुधारकों के विचारों या सिद्धांतों पर आधारित नहीं हैं

es waren keine Möchtegern-Universalreformer, die die theoretischen Schlussfolgerungen der Kommunisten erfunden oder entdeckt haben

यह सार्वभौमिक सुधारक नहीं थे जिन्होंने कम्युनिस्टों के सैद्धांतिक निष्कर्षों का आविष्कार या खोज की थी

Sie drücken lediglich in allgemeinen Begriffen tatsächliche Verhältnisse aus, die aus einem bestehenden Klassenkampf hervorgehen

वे केवल व्यक्त करते हैं, सामान्य शब्दों में, एक मौजूदा वर्ग संघर्ष से उत्पन्न वास्तविक संबंध

Und sie beschreiben die historische Bewegung, die sich unter unseren Augen abspielt und die diesen Klassenkampf hervorgebracht hat

और वे हमारी आंखों के नीचे चल रहे ऐतिहासिक आंदोलन का वर्णन करते हैं जिसने इस वर्ग संघर्ष को बनाया है

Die Abschaffung bestehender Eigentumsverhältnisse ist keineswegs ein charakteristisches Merkmal des Kommunismus

मौजूदा संपत्ति संबंधों का उन्मूलन साम्यवाद की एक विशिष्ट विशेषता नहीं है

Alle Eigentumsverhältnisse in der Vergangenheit waren einem ständigen historischen Wandel unterworfen

अतीत में सभी संपत्ति संबंध लगातार ऐतिहासिक परिवर्तन के अधीन रहे हैं

Und diese Veränderungen waren eine Folge der Veränderung der historischen Bedingungen

और ये परिवर्तन ऐतिहासिक परिस्थितियों में परिवर्तन के परिणामस्वरूप थे

Die Französische Revolution zum Beispiel schaffte das Feudaleigentum zugunsten des Bourgeoisie Eigentums ab

उदाहरण के लिए, फ्रांसीसी क्रांति ने बुर्जुआ संपत्ति के पक्ष में सामंती संपत्ति को समाप्त कर दिया

Das Unterscheidungsmerkmal des Kommunismus ist nicht die Abschaffung des Eigentums im Allgemeinen

साम्यवाद की विशिष्ट विशेषता संपत्ति का उन्मूलन नहीं है, आम तौर पर

aber das Unterscheidungsmerkmal des Kommunismus ist die Abschaffung des Bourgeoisie Eigentums

लेकिन साम्यवाद की विशिष्ट विशेषता बुर्जुआ संपत्ति का उन्मूलन है

Aber das Privateigentum der modernen Bourgeoisie ist der letzte und vollständigste Ausdruck des Systems der Produktion und Aneignung von Produkten

लेकिन आधुनिक पूंजीपति निजी संपत्ति उत्पादों के उत्पादन और विनियोग की प्रणाली की अंतिम और सबसे पूर्ण अभिव्यक्ति है

Es ist der Endzustand eines Systems, das auf Klassengegensätzen beruht, wobei der Klassenantagonismus die Ausbeutung der Vielen durch die Wenigen ist

यह एक ऐसी प्रणाली की अंतिम स्थिति है जो वर्ग विरोधों पर आधारित है, जहां वर्ग विरोध कुछ लोगों द्वारा कई का शोषण है

In diesem Sinne läßt sich die Theorie der Kommunisten in einem einzigen Satz zusammenfassen; die Abschaffung des Privateigentums

इस अर्थ में, कम्युनिस्टों के सिद्धांत को एकल वाक्य में अभिव्यक्त किया जा सकता है; निजी संपत्ति का उन्मूलन

Uns Kommunisten hat man vorgeworfen, das Recht auf persönlichen Eigentumserwerb abschaffen zu wollen

हम कम्युनिस्टों को व्यक्तिगत रूप से संपत्ति अर्जित करने के अधिकार को समाप्त करने की इच्छा से फटकार लगाई गई है

Es wird behauptet, dass diese Eigenschaft die Frucht der eigenen Arbeit eines Menschen ist

यह दावा किया जाता है कि यह संपत्ति मनुष्य के अपने श्रम का फल है

Und diese Eigenschaft soll die Grundlage aller persönlichen Freiheit, Aktivität und Unabhängigkeit sein.

और इस संपत्ति को सभी व्यक्तिगत स्वतंत्रता, गतिविधि और स्वतंत्रता का आधार माना जाता है।

"Hart erkämpftes, selbst erworbenes, selbst verdientes Eigentum!"

"कड़ी मेहनत से, स्व-अर्जित, स्व-अर्जित संपत्ति!"

Meinst du das Eigentum des kleinen Handwerkers und des Kleinbauern?

क्या आपका मतलब छोटे कारीगर और छोटे किसान की संपत्ति से है?

Meinen Sie eine Form des Eigentums, die der Bourgeoisie Form vorausging?

क्या आपका मतलब संपत्ति के एक रूप से है जो बुर्जुआ रूप से पहले था?

Es ist nicht nötig, sie abzuschaffen, die Entwicklung der Industrie hat sie zum großen Teil bereits zerstört

इसे समाप्त करने की कोई आवश्यकता नहीं है, उद्योग के विकास ने इसे पहले ही काफी हद तक नष्ट कर दिया है

Und die Entwicklung der Industrie zerstört sie immer noch täglich

और उद्योग का विकास अभी भी इसे प्रतिदिन नष्ट कर रहा है

Oder meinen Sie das moderne Bourgeoisie Privateigentum?

या आपका मतलब आधुनिक बुर्जुआ निजी संपत्ति से है?

Aber schafft die Lohnarbeit irgendein Eigentum für den Arbeiter?

लेकिन क्या मजदूरी-मजदूरी मजदूर के लिए कोई संपत्ति पैदा करती है?

Nein, die Lohnarbeit schafft nicht ein bisschen von dieser Art von Eigentum!

नहीं, मजदूरी मजदूरी इस तरह की संपत्ति का एक टुकड़ा भी नहीं बनाती है!

Was Lohnarbeit schafft, ist Kapital; jene Art von Eigentum, das Lohnarbeit ausbeutet

मजदूरी श्रम जो बनाता है वह पूंजी है; उस तरह की संपत्ति जो मजदूरी-श्रम का शोषण करती है

Das Kapital kann sich nur unter der Bedingung vermehren, daß es ein neues Angebot an Lohnarbeit für neue Ausbeutung erzeugt

पूंजी तब तक नहीं बढ़ सकती जब तक कि वह नए शोषण के लिए मजदूरी-श्रम की नई आपूर्ति न कर दे

Das Eigentum in seiner jetzigen Form beruht auf dem Antagonismus von Kapital und Lohnarbeit

संपत्ति, अपने वर्तमान स्वरूप में, पूंजी और मजदूरी-श्रम के विरोध पर आधारित है

Betrachten wir beide Seiten dieses Antagonismus

आइए हम इस विरोध के दोनों पक्षों की जांच करें

Kapitalist zu sein bedeutet nicht nur, einen rein persönlichen Status zu haben

पूंजीवादी होने का अर्थ न केवल विशुद्ध रूप से व्यक्तिगत स्थिति होना है

Stattdessen bedeutet Kapitalist zu sein auch, einen sozialen Status in der Produktion zu haben

इसके बजाय, पूंजीवादी होने का अर्थ उत्पादन में सामाजिक स्थिति होना भी है

weil Kapital ein kollektives Produkt ist; Nur durch das gemeinsame Handeln vieler Mitglieder kann sie in Gang gesetzt werden

क्योंकि पूंजी एक सामूहिक उत्पाद है; केवल कई सदस्यों की एकजुट कार्रवाई से ही इसे गति में स्थापित किया जा सकता है

Aber dieses gemeinsame Handeln ist der letzte Ausweg und erfordert eigentlich alle Mitglieder der Gesellschaft

लेकिन यह एकजुट कार्रवाई एक अंतिम उपाय है, और वास्तव में समाज के सभी सदस्यों की आवश्यकता है

Das Kapital verwandelt sich in das Eigentum aller Mitglieder der Gesellschaft

पूंजी समाज के सभी सदस्यों की संपत्ति में परिवर्तित हो जाती है

aber das Kapital ist also keine persönliche Macht; Es ist eine gesellschaftliche Macht

लेकिन पूंजी, इसलिए, एक व्यक्तिगत शक्ति नहीं है; यह एक सामाजिक शक्ति है

Wenn also Kapital in gesellschaftliches Eigentum umgewandelt wird, so verwandelt sich dadurch nicht persönliches Eigentum in gesellschaftliches Eigentum

इसलिए जब पूंजी को सामाजिक संपत्ति में परिवर्तित किया जाता है, तो व्यक्तिगत संपत्ति सामाजिक संपत्ति में परिवर्तित नहीं होती है

Nur der gesellschaftliche Charakter des Eigentums wird verändert und verliert seinen Klassencharakter

यह केवल संपत्ति का सामाजिक चरित्र है जो बदल जाता है, और अपने वर्ग-चरित्र को खो देता है

Betrachten wir nun die Lohnarbeit

आइए अब हम मजदूरी-श्रम को देखें

Der Durchschnittspreis der Lohnarbeit ist der Mindestlohn, d.h. das Quantum der Lebensmittel

मजदूरी-श्रम की औसत कीमत न्यूनतम मजदूरी है, अर्थात, निर्वाह के साधनों की मात्रा

Dieser Lohn ist für die bloße Existenz als Arbeiter absolut notwendig

एक मजदूर के रूप में नंगे अस्तित्व में यह मजदूरी नितांत आवश्यक है

Was sich also der Lohnarbeiter durch seine Arbeit aneignet, genügt nur, um ein bloßes Dasein zu verlängern und zu reproduzieren

इसलिए, मजदूरी-मजदूर अपने श्रम के माध्यम से जो विनियोजित करता है, वह केवल एक नंगे अस्तित्व को लम्बा करने और पुनः उत्पन्न करने के लिए पर्याप्त है

Wir beabsichtigen keineswegs, diese persönliche Aneignung der Arbeitsprodukte abzuschaffen

हम किसी भी तरह से श्रम के उत्पादों के इस व्यक्तिगत विनियोग को समाप्त करने का इरादा नहीं रखते हैं

eine Aneignung, die für die Erhaltung und Reproduktion des menschlichen Lebens bestimmt ist

एक विनियोग जो मानव जीवन के रखरखाव और प्रजनन के लिए किया जाता है

Eine solche persönliche Aneignung der Arbeitsprodukte lässt keinen Überschuss übrig, mit dem man die Arbeit anderer befehlen könnte

श्रम के उत्पादों का ऐसा व्यक्तिगत विनियोग दूसरों के श्रम को नियंत्रित करने के लिए कोई अधिशेष नहीं छोड़ता है

Alles, was wir beseitigen wollen, ist der erbärmliche Charakter dieser Aneignung

हम केवल इस विनियोग के दयनीय चरित्र को दूर करना चाहते हैं

die Aneignung, unter der der Arbeiter lebt, bloß um das Kapital zu vermehren

ऐसा विनियोग जिसके अन्तर्गत मजदूर केवल पूंजी बढ़ाने के लिए जीवन यापन करता हो

Er darf nur leben, soweit es das Interesse der herrschenden Klasse erfordert

उसे केवल वहां तक रहने की अनुमति है जहां तक शासक वर्ग के हित की आवश्यकता होती है

In der Bourgeoisie Gesellschaft ist die lebendige Arbeit nur ein Mittel, um die akkumulierte Arbeit zu vermehren

बुर्जुआ समाज में, जीवित श्रम संचित श्रम को बढ़ाने का एक साधन है

In der kommunistischen Gesellschaft ist die akkumulierte Arbeit nur ein Mittel, um die Existenz des Arbeiters zu erweitern, zu bereichern und zu fördern

साम्यवादी समाज में संचित श्रम मजदूर के अस्तित्व को बढ़ावा देने, समृद्ध करने और बढ़ाने का एक साधन मात्र है

In der Bourgeoisie Gesellschaft dominiert daher die Vergangenheit die Gegenwart

बुर्जुआ समाज में, इसलिए, अतीत वर्तमान पर हावी है

In der kommunistischen Gesellschaft dominiert die Gegenwart die Vergangenheit

कम्युनिस्ट समाज में वर्तमान अतीत पर हावी है

In der Bourgeoisie Gesellschaft ist das Kapital unabhängig und hat Individualität

बुर्जुआ समाज में पूंजी स्वतंत्र है और वैयक्तिकता है

In der Bourgeoisie Gesellschaft ist der lebende Mensch abhängig und hat keine Individualität

बुर्जुआ समाज में जीवित व्यक्ति निर्भर है और उसका कोई व्यक्तित्व नहीं है

Und die Abschaffung dieses Zustandes wird von der Bourgeoisie als Abschaffung der Individualität und Freiheit bezeichnet!

और चीजों की इस स्थिति के उन्मूलन को पूंजीपति वर्ग द्वारा कहा जाता है, व्यक्तित्व और स्वतंत्रता का उन्मूलन!

Und man nennt sie mit Recht die Abschaffung von Individualität und Freiheit!

और इसे सही मायने में व्यक्तित्व और स्वतंत्रता का उन्मूलन कहा जाता है!

Der Kommunismus strebt die Abschaffung der Bourgeoisie Individualität an

साम्यवाद का उद्देश्य बुर्जुआ व्यक्तित्व का उन्मूलन है

Der Kommunismus strebt die Abschaffung der Unabhängigkeit der Bourgeoisie an

साम्यवाद बुर्जुआ स्वतंत्रता के उन्मूलन के लिए इरादा रखता है

Die BourgeoisieFreiheit ist zweifellos das, was der Kommunismus anstrebt

बुर्जुआ स्वतंत्रता निस्संदेह साम्यवाद का लक्ष्य है

unter den gegenwärtigen Bourgeoisie Produktionsbedingungen bedeutet Freiheit freien Handel, freien Verkauf und freien Kauf

उत्पादन की वर्तमान बुर्जुआ परिस्थितियों के तहत, स्वतंत्रता का अर्थ है मुक्त व्यापार, मुक्त बिक्री और खरीद

Aber wenn das Verkaufen und Kaufen verschwindet, verschwindet auch das freie Verkaufen und Kaufen

लेकिन अगर बेचना और खरीदना गायब हो जाता है, तो मुफ्त बिक्री और खरीद भी गायब हो जाती है

"Mutige Worte" der Bourgeoisie über den freien Verkauf und Kauf haben nur eine begrenzte Bedeutung

पूंजीपति वर्ग द्वारा मुफ्त बिक्री और खरीद के बारे में "बहादुर शब्द" केवल सीमित अर्थों में अर्थ रखते हैं

Diese Worte haben nur im Gegensatz zu eingeschränktem Verkauf und Kauf eine Bedeutung

इन शब्दों का अर्थ केवल प्रतिबंधित बिक्री और खरीद के विपरीत है

und diese Worte haben nur dann eine Bedeutung, wenn sie auf die gefesselten Händler des Mittelalters angewandt werden

और इन शब्दों का अर्थ केवल तभी होता है जब मध्य युग के बंधे हुए व्यापारियों पर लागू किया जाता है

und das setzt voraus, dass diese Worte überhaupt eine Bedeutung im Bourgeoisie Sinne haben

और यह मानता है कि इन शब्दों का बुर्जुआ अर्थ में भी अर्थ है

aber diese Worte haben keine Bedeutung, wenn sie gebraucht werden, um sich gegen die kommunistische Abschaffung des Kaufens und Verkaufens zu wehren

लेकिन इन शब्दों का कोई अर्थ नहीं है जब उनका उपयोग खरीदने और बेचने के साम्यवादी उन्मूलन का विरोध करने के लिए किया जा रहा है

die Worte haben keine Bedeutung, wenn sie gebraucht werden, um sich gegen die Abschaffung der Bourgeoisie Produktionsbedingungen zu wehren

इन शब्दों का कोई अर्थ नहीं है जब उनका उपयोग उत्पादन की बुर्जुआ शर्तों को समाप्त करने का विरोध करने के लिए किया जा रहा है

und sie haben keine Bedeutung, wenn sie benutzt werden, um sich gegen die Abschaffung der Bourgeoisie selbst zu wehren

और उनका कोई मतलब नहीं है जब उनका इस्तेमाल पूंजीपति वर्ग को समाप्त करने का विरोध करने के लिए किया जा रहा है

Sie sind entsetzt über unsere Absicht, das Privateigentum abzuschaffen

आप निजी संपत्ति को खत्म करने के हमारे इरादे से भयभीत हैं

Aber in eurer jetzigen Gesellschaft ist das Privateigentum
für neun Zehntel der Bevölkerung bereits abgeschafft

लेकिन आपके मौजूदा समाज में, निजी संपत्ति पहले से ही आबादी के नौ-
दसवें हिस्से के लिए दूर हो गई है

Die Existenz des Privateigentums für einige wenige beruht
einzig und allein darauf, dass es in den Händen von neun
Zehnteln der Bevölkerung nicht existiert

कुछ के लिए निजी संपत्ति का अस्तित्व पूरी तरह से आबादी के नौ-दसवें
हिस्से के हाथों में इसकी गैर-मौजूदगी के कारण है

Sie werfen uns also vor, daß wir eine Form des Eigentums
abschaffen wollen

इसलिए, आप हमें संपत्ति के एक रूप को समाप्त करने के इरादे से फटकार
लगाते हैं

Aber das Privateigentum erfordert für die ungeheure
Mehrheit der Gesellschaft die Nichtexistenz jeglichen
Eigentums

लेकिन निजी संपत्ति के लिए समाज के विशाल बहुमत के लिए किसी भी
संपत्ति के गैर-अस्तित्व की आवश्यकता होती है

Mit einem Wort, Sie werfen uns vor, daß wir Ihr Eigentum
beseitigen wollen

एक शब्द में, आप अपनी संपत्ति को दूर करने के इरादे से हमें फटकार
लगाते हैं

Und genau so ist es; Ihr Eigentum abzuschaffen, ist genau
das, was wir beabsichtigen

और ठीक ऐसा ही है; अपनी संपत्ति को दूर करना वही है जो हम चाहते हैं

Von dem Augenblick an, wo die Arbeit nicht mehr in
Kapital, Geld oder Rente verwandelt werden kann

उस क्षण से जब श्रम को अब पूंजी, धन या किराए में परिवर्तित नहीं किया जा
सकता है

wenn die Arbeit nicht mehr in eine gesellschaftliche Macht
umgewandelt werden kann, die monopolisiert werden kann

जब श्रम को अब एकाधिकार करने में सक्षम सामाजिक शक्ति में परिवर्तित
नहीं किया जा सकता है

von dem Augenblick an, wo das individuelle Eigentum
nicht mehr in Bourgeoisie Eigentum verwandelt werden
kann

उस क्षण से जब व्यक्तिगत संपत्ति को अब बुर्जुआ संपत्ति में परिवर्तित नहीं किया जा सकता है

von dem Augenblick an, wo das individuelle Eigentum nicht mehr in Kapital verwandelt werden kann

उस क्षण से जब व्यक्तिगत संपत्ति को अब पूंजी में परिवर्तित नहीं किया जा सकता है

Von diesem Moment an sagst du, dass die Individualität verschwindet

उस क्षण से, आप कहते हैं कि व्यक्तित्व गायब हो जाता है

Sie müssen also gestehen, daß Sie mit »Individuum« keine andere Person meinen als die Bourgeoisie

इसलिए, आपको स्वीकार करना चाहिए कि "व्यक्ति" से आपका मतलब पूंजीपति वर्ग के अलावा किसी अन्य व्यक्ति से नहीं है

Sie müssen zugeben, dass es sich speziell auf den Bourgeoisie Eigentümer von Immobilien bezieht

आपको स्वीकार करना चाहिए कि यह विशेष रूप से संपत्ति के मध्यम वर्ग के मालिक को संदर्भित करता है

Diese Person muss in der Tat aus dem Weg geräumt und unmöglich gemacht werden

इस व्यक्ति को, वास्तव में, रास्ते से हटा दिया जाना चाहिए, और असंभव बना दिया जाना चाहिए

Der Kommunismus beraubt niemanden der Macht, sich die Produkte der Gesellschaft anzueignen

साम्यवाद किसी भी व्यक्ति को समाज के उत्पादों को विनियोजित करने की शक्ति से वंचित नहीं करता है

Alles, was der Kommunismus tut, ist, ihm die Macht zu nehmen, die Arbeit anderer durch eine solche Aneignung zu unterjochen

साम्यवाद जो कुछ भी करता है वह उसे इस तरह के विनियोग के माध्यम से दूसरों के श्रम को अधीन करने की शक्ति से वंचित करता है

Man hat eingewendet, daß mit der Abschaffung des Privateigentums alle Arbeit aufhören werde

यह आपत्ति की गई है कि निजी संपत्ति के उन्मूलन पर सभी काम बंद हो जाएंगे

Und dann wird suggeriert, dass uns die universelle Faulheit überwältigen wird

और फिर यह सुझाव दिया जाता है कि सार्वभौमिक आलस्य हम पर हावी हो जाएगा

Demnach hätte die BourgeoisieGesellschaft schon längst vor lauter Müßiggang vor die Hunde gehen müssen

इसके अनुसार, बुर्जुआ समाज को बहुत पहले ही आलस्य के माध्यम से कुत्तों के पास जाना चाहिए था

denn diejenigen ihrer Mitglieder, die arbeiten, erwerben nichts

क्योंकि इसके सदस्यों में से जो काम करते हैं, उन्हें कुछ भी हासिल नहीं होता है

und diejenigen von ihren Mitgliedern, die etwas erwerben, arbeiten nicht

और इसके सदस्यों में से जो कुछ भी हासिल करते हैं, वे काम नहीं करते हैं

Der ganze Einwand ist nur ein weiterer Ausdruck der Tautologie

यह पूरी आपत्ति टॉटोलॉजी की एक और अभिव्यक्ति है

Es kann keine Lohnarbeit mehr geben, wenn es kein Kapital mehr gibt

जब तक कोई पूंजी नहीं है तब तक कोई मजदूरी-श्रम नहीं हो सकता

Es gibt keinen Unterschied zwischen materiellen und mentalen Produkten

भौतिक उत्पादों और मानसिक उत्पादों के बीच कोई अंतर नहीं है

Der Kommunismus schlägt vor, dass beides auf die gleiche Weise produziert wird

साम्यवाद का प्रस्ताव है कि ये दोनों एक ही तरह से निर्मित होते हैं

aber die Einwände gegen die kommunistischen Produktionsweisen sind dieselben

लेकिन इनके उत्पादन के साम्यवादी तरीकों के खिलाफ आपत्तियां समान हैं

Für die Bourgeoisie ist das Verschwinden des Klasseneigentums das Verschwinden der Produktion selbst

पूंजीपति वर्ग के लिए वर्ग संपत्ति का गायब होना उत्पादन का ही गायब होना है

So ist für ihn das Verschwinden der Klassenkultur identisch mit dem Verschwinden aller Kultur

इसलिए वर्ग संस्कृति का गायब होना उसके लिए सभी संस्कृति के गायब होने के समान है

Diese Kultur, deren Verlust er beklagt, ist für die überwiegende Mehrheit ein bloßes Training, um als Maschine zu agieren

वह संस्कृति, जिसके नुकसान का वह अफसोस करता है, विशाल बहुमत के लिए एक मशीन के रूप में कार्य करने के लिए एक मात्र प्रशिक्षण है

Die Kommunisten haben die Absicht, die Kultur des Bourgeoisie Eigentums abzuschaffen

कम्युनिस्ट बुर्जुआ संपत्ति की संस्कृति को खत्म करने का इरादा रखते हैं

Aber zankt euch nicht mit uns, solange ihr den Maßstab eurer Bourgeoisie Vorstellungen von Freiheit, Kultur, Recht usw. anlegt

लेकिन जब तक आप स्वतंत्रता, संस्कृति, कानून आदि के अपने बुर्जुआ विचारों के मानक को लागू नहीं करते हैं, तब तक हमारे साथ झगड़ा न करें

Eure Ideen selbst sind nur die Auswüchse der Bedingungen eurer Bourgeoisie Produktion und eures Bourgeoisie Eigentums

आपके विचार ही आपके बुर्जुआ उत्पादन और बुर्जुआ संपत्ति की स्थितियों का परिणाम हैं

so wie eure Jurisprudenz nichts anderes ist als der Wille eurer Klasse, der zum Gesetz für alle gemacht wurde

जैसा कि आपका न्यायशास्त्र है, लेकिन आपके वर्ग की इच्छा को सभी के लिए एक कानून बनाया गया है

Der wesentliche Charakter und die Richtung dieses Willens werden durch die ökonomischen Bedingungen bestimmt, die Ihre soziale Klasse schafft

इस वसीयत का आवश्यक चरित्र और दिशा आपके सामाजिक वर्ग द्वारा बनाई गई आर्थिक स्थितियों से निर्धारित होती है

Der selbstsüchtige Irrtum, der dich veranlaßt, soziale Formen in ewige Gesetze der Natur und der Vernunft zu verwandeln

स्वार्थी गलत धारणा जो आपको सामाजिक रूपों को प्रकृति और तर्क के शाश्वत नियमों में बदलने के लिए प्रेरित करती है

die gesellschaftlichen Formen, die aus eurer gegenwärtigen Produktionsweise und Eigentumsform entspringen

आपके उत्पादन के वर्तमान तरीके और संपत्ति के रूप से उत्पन्न सामाजिक रूप

historische Beziehungen, die im Fortschritt der Produktion
auf- und verschwinden

ऐतिहासिक संबंध जो उत्पादन की प्रगति में उठते और गायब होते हैं

Dieses Missverständnis teilt ihr mit jeder herrschenden
Klasse, die euch vorausgegangen ist

यह गलत धारणा आप हर शासक वर्ग के साथ साझा करते हैं जो आपसे
पहले आई है

Was Sie bei antikem Eigentum klar sehen, was Sie bei
feudalem Eigentum zugeben

प्राचीन संपत्ति के मामले में आप जो स्पष्ट रूप से देखते हैं, सामंती संपत्ति के
मामले में आप क्या स्वीकार करते हैं

diese Dinge dürfen Sie natürlich nicht zugeben, wenn es
sich um Ihre eigene BourgeoisieEigentumsform handelt

इन चीजों को आप निश्चित रूप से संपत्ति के अपने पूंजीपति वर्ग के रूप में
स्वीकार करने से मना करते हैं

Abschaffung der Familie! Selbst die Radikalsten entrüsten
sich über diesen infamen Vorschlag der Kommunisten

परिवार का उन्मूलन! यहां तक कि कम्युनिस्टों के इस कुख्यात प्रस्ताव पर
सबसे कट्टरपंथी भड़क गए

Auf welcher Grundlage beruht die heutige Familie, die
BourgeoisieFamilie?

वर्तमान परिवार, बुर्जुआ परिवार, किस आधार पर आधारित है?

Die Gründung der heutigen Familie beruht auf Kapital und
privatem Gewinn

वर्तमान परिवार की नींव पूंजी और निजी लाभ पर आधारित है

In ihrer voll entwickelten Form existiert diese Familie nur
unter der Bourgeoisie

अपने पूर्ण विकसित रूप में यह परिवार केवल बुर्जुआ वर्ग के बीच ही मौजूद
है

Dieser Zustand der Dinge findet seine Ergänzung in der
praktischen Abwesenheit der Familie bei den Proletariern

सर्वहारा वर्ग के बीच परिवार की व्यावहारिक अनुपस्थिति में चीजों की यह
स्थिति अपना पूरक पाती है

Dieser Zustand ist in der öffentlichen Prostitution zu finden

चीजों की यह स्थिति सार्वजनिक वेश्यावृत्ति में पाई जा सकती है

Die BourgeoisieFamilie wird wie selbstverständlich
verschwinden, wenn ihr Komplement verschwindet

पूंजीपति परिवार निश्चित रूप से गायब हो जाएगा जब इसका पूरक गायब हो जाएगा

Und beides wird mit dem Verschwinden des Kapitals verschwinden

और ये दोनों पूंजी के लुप्त होने के साथ गायब हो जाएंगे

Werfen Sie uns vor, dass wir die Ausbeutung von Kindern durch ihre Eltern stoppen wollen?

क्या आप हम पर आरोप लगाते हैं कि हम अपने माता-पिता द्वारा बच्चों के शोषण को रोकना चाहते हैं?

Diesem Verbrechen bekennen wir uns schuldig

इस अपराध के लिए हम दोषी मानते हैं

Aber, werden Sie sagen, wir zerstören die heiligsten Beziehungen, wenn wir die häusliche Erziehung durch die soziale Erziehung ersetzen

लेकिन, आप कहेंगे कि जब हम गृह शिक्षा को सामाजिक शिक्षा से प्रतिस्थापित करते हैं तो हम सबसे पवित्र संबंधों को नष्ट कर देते हैं

Ist Ihre Erziehung nicht auch sozial? Und wird sie nicht von den gesellschaftlichen Bedingungen bestimmt, unter denen man erzieht?

क्या आपकी शिक्षा भी सामाजिक नहीं है? और क्या यह उन सामाजिक परिस्थितियों से निर्धारित नहीं होता है जिनके तहत आप शिक्षित होते हैं?

durch direkte oder indirekte Eingriffe in die Gesellschaft, durch Schulen usw.

हस्तक्षेप, प्रत्यक्ष या अप्रत्यक्ष रूप से, समाज के, स्कूलों के माध्यम से, आदि।

Die Kommunisten haben die Einmischung der Gesellschaft in die Erziehung nicht erfunden

कम्युनिस्टों ने शिक्षा में समाज के हस्तक्षेप का आविष्कार नहीं किया है

Sie versuchen lediglich, den Charakter dieses Eingriffs zu ändern

वे करते हैं लेकिन उस हस्तक्षेप के चरित्र को बदलना चाहते हैं

Und sie versuchen, das Bildungswesen vor dem Einfluss der herrschenden Klasse zu retten

और वे शासक वर्ग के प्रभाव से शिक्षा को बचाना चाहते हैं

Die Bourgeoisie spricht von der geheiligten Beziehung von Eltern und Kind

पूंजीपति माता-पिता और बच्चे के पवित्र सह-संबंध की बात करते हैं

aber dieses Geschwätz über die Familie und die Erziehung wird um so widerwärtiger, wenn wir die moderne Industrie betrachten

लेकिन परिवार और शिक्षा के बारे में यह ताली-जाल तब और अधिक घृणित हो जाता है जब हम आधुनिक उद्योग को देखते हैं

Alle Familienbande unter den Proletariern werden durch die moderne Industrie zerrissen

सर्वहारा वर्ग के बीच सभी पारिवारिक संबंध आधुनिक उद्योग द्वारा तोड़ दिए गए हैं

ihre Kinder werden zu einfachen Handelsartikeln und Arbeitsinstrumenten

उनके बच्चे वाणिज्य के सरल लेखों और श्रम के उपकरणों में बदल जाते हैं

Aber ihr Kommunisten würdet eine Gemeinschaft von Frauen schaffen, schreit die ganze Bourgeoisie im Chor

लेकिन आप कम्युनिस्ट महिलाओं का एक समुदाय बनाएंगे, कोरस में पूरे पूंजीपति वर्ग को चिल्लाते हैं

Die Bourgeoisie sieht in seiner Frau ein bloßes Produktionsinstrument

पूंजीपति वर्ग अपनी पत्नी में उत्पादन का एक साधन मात्र देखता है

Er hört, dass die Produktionsmittel von allen ausgebeutet werden sollen

वह सुनता है कि उत्पादन के साधनों का सभी द्वारा शोषण किया जाना है

Und natürlich kann er zu keinem anderen Schluß kommen, als daß das Los, allen gemeinsam zu sein, auch den Frauen zufallen wird

और, स्वाभाविक रूप से, वह इसके अलावा किसी अन्य निष्कर्ष पर नहीं आ सकता है कि सभी के लिए सामान्य होने का बहुत कुछ महिलाओं के लिए भी गिर जाएगा

Er hat nicht einmal den geringsten Verdacht, dass es in Wirklichkeit darum geht, die Stellung der Frau als bloße Produktionsinstrumente abzuschaffen

उन्हें इस बात में जरा भी संदेह नहीं है कि असली मुद्दा महिलाओं को महज उत्पादन के साधन के रूप में दिए जाने वाले रुतबे को खत्म करना है

Im übrigen ist nichts lächerlicher als die tugendhafte Empörung unserer Bourgeoisie über die Gemeinschaft der Frauen

बाकी के लिए, महिलाओं के समुदाय पर हमारे पूंजीपति वर्ग के पुण्य आक्रोश से ज्यादा हास्यास्पद कुछ भी नहीं है

sie tun so, als ob sie von den Kommunisten offen und offiziell eingeführt werden sollte

वे दिखावा करते हैं कि यह कम्युनिस्टों द्वारा खुले तौर पर और आधिकारिक तौर पर स्थापित किया जाना है

Die Kommunisten haben es nicht nötig, die Gemeinschaft der Frauen einzuführen, sie existiert fast seit undenklichen Zeiten

कम्युनिस्टों को महिलाओं के समुदाय को पेश करने की कोई आवश्यकता नहीं है, यह लगभग अनादि काल से अस्तित्व में है

Unsere Bourgeoisie begnügt sich nicht damit, die Frauen und Töchter ihrer Proletarier zur Verfügung zu haben

हमारे पूंजीपति वर्ग अपने सर्वहारा वर्ग की पत्नियों और बेटियों को अपने निपटान में रखने से संतुष्ट नहीं हैं

Sie haben das größte Vergnügen daran, ihre Frauen gegenseitig zu verführen

वे एक-दूसरे की पत्नियों को बहकाने में सबसे ज्यादा आनंद लेते हैं

Und das ist noch nicht einmal von gewöhnlichen Prostituierten zu sprechen

और यह आम वेश्याओं की बात करने के लिए भी नहीं है

Die BourgeoisieEhe ist in Wirklichkeit ein System gemeinsamer Ehefrauen

बुर्जुआ विवाह वास्तव में आम तौर पर पत्नियों की एक प्रणाली है

dann gibt es eine Sache, die man den Kommunisten vielleicht vorwerfen könnte

तो एक बात है कि कम्युनिस्टों को संभवतः फटकार लगाई जा सकती है

Sie wollen eine offen legalisierte Gemeinschaft von Frauen einführen

वे महिलाओं के एक खुले तौर पर वैध समुदाय को पेश करना चाहते हैं

statt einer heuchlerisch verhüllten Gemeinschaft von Frauen

बल्कि महिलाओं के एक पाखंडी रूप से छिपे हुए समुदाय के बजाय

Die Gemeinschaft der Frauen, die aus dem Produktionssystem hervorgegangen ist

उत्पादन की व्यवस्था से उगता हुआ महिलाओं का समुदाय

Schafft das Produktionssystem ab, und ihr schafft die Gemeinschaft der Frauen ab

उत्पादन की प्रणाली को समाप्त करो, और तुम महिलाओं के समुदाय को समाप्त कर दो

Sowohl die öffentliche Prostitution als auch die private Prostitution wird abgeschafft

सार्वजनिक वेश्यावृत्ति दोनों को समाप्त कर दिया गया है, और निजी वेश्यावृत्ति

Den Kommunisten wird noch dazu vorgeworfen, sie wollten Länder und Nationalitäten abschaffen

कम्युनिस्टों को देशों और राष्ट्रीयता को खत्म करने की इच्छा के साथ और अधिक तिरस्कृत किया जाता है

Die Arbeiter haben kein Vaterland, also können wir ihnen nicht nehmen, was sie nicht haben

मेहनतकश लोगों का कोई देश नहीं होता, इसलिए हम उनसे वह नहीं ले सकते जो उन्हें नहीं मिला है

Das Proletariat muss vor allem die politische Herrschaft erlangen

सर्वहारा वर्ग को सबसे पहले राजनीतिक वर्चस्व हासिल करना होगा

Das Proletariat muss sich zur führenden Klasse der Nation erheben

सर्वहारा वर्ग को राष्ट्र का अग्रणी वर्ग बनना होगा

Das Proletariat muss sich zur Nation konstituieren

सर्वहारा वर्ग को स्वयं को राष्ट्र बनाना होगा

sie ist bis jetzt selbst national, wenn auch nicht im Bourgeoisie Sinne des Wortes

यह अब तक, खुद राष्ट्रीय है, हालांकि शब्द के पूंजीपति अर्थ में नहीं है

Nationale Unterschiede und Gegensätze zwischen den Völkern verschwinden täglich mehr und mehr

लोगों के बीच राष्ट्रीय मतभेद और विरोध दिन-प्रतिदिन अधिक से अधिक गायब हो रहे हैं

der Entwicklung der Bourgeoisie, der Freiheit des Handels, des Weltmarktes

पूंजीपति वर्ग के विकास के कारण, वाणिज्य की स्वतंत्रता के लिए, विश्व-बाजार के लिए

zur Gleichförmigkeit der Produktionsweise und der ihr entsprechenden Lebensbedingungen

उत्पादन के तरीके में और उसके अनुरूप जीवन की स्थितियों में एकरूपता के लिए

Die Herrschaft des Proletariats wird sie noch schneller verschwinden lassen

सर्वहारा वर्ग की सर्वोच्चता उन्हें और भी तेजी से गायब कर देगी

Die einheitliche Aktion, wenigstens der führenden zivilisierten Länder, ist eine der ersten Bedingungen für die Befreiung des Proletariats

कम से कम अग्रणी सभ्य देशों की एकजुट कार्रवाई, सर्वहारा वर्ग की मुक्ति के लिए पहली शर्तों में से एक है

In dem Maße, wie der Ausbeutung eines Individuums durch ein anderes ein Ende gesetzt wird, wird auch der Ausbeutung einer Nation durch eine andere ein Ende gesetzt.

जिस अनुपात में एक व्यक्ति द्वारा दूसरे व्यक्ति के शोषण को समाप्त किया जाता है, उसी अनुपात में एक राष्ट्र द्वारा दूसरे राष्ट्र के शोषण को भी समाप्त कर दिया जाएगा

In dem Maße, wie der Antagonismus zwischen den Klassen innerhalb der Nation verschwindet, wird die Feindschaft einer Nation gegen die andere ein Ende haben

जिस अनुपात में राष्ट्र के भीतर वर्गों के बीच शत्रुता गायब हो जाएगी, उसी अनुपात में एक राष्ट्र की दूसरे राष्ट्र के प्रति शत्रुता समाप्त हो जाएगी

Die Anschuldigungen gegen den Kommunismus, die von einem religiösen, philosophischen und allgemein von einem ideologischen Standpunkt aus erhoben werden, verdienen keine ernsthafte Prüfung

साम्यवाद के खिलाफ धार्मिक, दार्शनिक और आम तौर पर वैचारिक दृष्टिकोण से लगाए गए आरोप गंभीर परीक्षा के योग्य नहीं हैं

Braucht es eine tiefe Intuition, um zu begreifen, dass sich die Ideen, Ansichten und Vorstellungen des Menschen mit jeder Veränderung der Bedingungen seiner materiellen Existenz ändern?

क्या यह समझने के लिए गहन अंतर्ज्ञान की आवश्यकता है कि मनुष्य के विचार, दृष्टिकोण और धारणाएँ उसके भौतिक अस्तित्व की स्थितियों में हर बदलाव के साथ बदलती हैं?

Ist es nicht offensichtlich, dass das Bewusstsein des Menschen sich Verändert, wenn seine sozialen Beziehungen und sein soziales Leben ändern?

क्या यह स्पष्ट नहीं है कि मनुष्य की चेतना तब बदलती है जब उसके सामाजिक संबंध और उसका सामाजिक जीवन बदलता है?

Was beweist die Ideengeschichte anderes, als daß die geistige Produktion ihren Charakter in dem Maße ändert, wie die materielle Produktion verändert wird?

विचारों का इतिहास इससे अधिक और क्या साबित करता है कि बौद्धिक उत्पादन अपने चरित्र को उसी अनुपात में बदलता है जिस अनुपात में भौतिक उत्पादन बदलता है?

Die herrschenden Ideen eines jeden Zeitalters waren immer die Ideen seiner herrschenden Klasse

प्रत्येक युग के शासक विचार हमेशा से उसके शासक वर्ग के विचार रहे हैं

Wenn Menschen von Ideen sprechen, die die Gesellschaft revolutionieren, drücken sie nur eine Tatsache aus

जब लोग समाज में क्रांति लाने वाले विचारों की बात करते हैं, तो वे केवल एक तथ्य व्यक्त करते हैं

Innerhalb der alten Gesellschaft wurden die Elemente einer neuen geschaffen

पुराने समाज के भीतर, एक नए के तत्व बनाए गए हैं

und daß die Auflösung der alten Ideen mit der Auflösung der alten Daseinsverhältnisse Schritt hält

और यह कि पुराने विचारों का विघटन अस्तित्व की पुरानी स्थितियों के विघटन के साथ तालमेल बिठाता है

Als die Antike in den letzten Zügen lag, wurden die alten Religionen vom Christentum überwunden

जब प्राचीन दुनिया अपने अंतिम चरण में थी, तो प्राचीन धर्मों को ईसाई धर्म ने दूर कर दिया था

Als die christlichen Ideen im 18. Jahrhundert den rationalistischen Ideen erlagen, kämpfte die feudale Gesellschaft ihren Todeskampf mit der damals revolutionären Bourgeoisie

जब 18 वीं शताब्दी में ईसाई विचारों ने तर्कवादी विचारों के आगे घुटने टेक दिए, तो सामंती समाज ने तत्कालीन क्रांतिकारी पूंजीपति वर्ग के साथ अपनी मौत की लड़ाई लड़ी

Die Ideen der Religions- und Gewissensfreiheit brachten lediglich die Herrschaft des freien Wettbewerbs auf dem Gebiet des Wissens zum Ausdruck

धार्मिक स्वतंत्रता और अंतरात्मा की स्वतंत्रता के विचारों ने केवल ज्ञान के क्षेत्र में मुक्त प्रतिस्पर्धा के बोलबाला को अभिव्यक्ति दी

"Zweifellos", wird man sagen, "sind religiöse, moralische, philosophische und juristische Ideen im Laufe der geschichtlichen Entwicklung modifiziert worden"

"निस्संदेह," यह कहा जाएगा, "ऐतिहासिक विकास के दौरान धार्मिक, नैतिक, दार्शनिक और न्यायिक विचारों को संशोधित किया गया है"

"Aber Religion, Moralphilosophie, Politikwissenschaft und Recht überlebten diesen Wandel ständig."

"लेकिन धर्म, नैतिकता, दर्शन, राजनीति विज्ञान और कानून, लगातार इस परिवर्तन से बचे रहे"

"Es gibt auch ewige Wahrheiten, wie Freiheit, Gerechtigkeit usw."

"शाश्वत सत्य भी हैं, जैसे स्वतंत्रता, न्याय, आदि"

"Diese ewigen Wahrheiten sind allen Zuständen der Gesellschaft gemeinsam"

"ये शाश्वत सत्य समाज के सभी राज्यों के लिए आम हैं"

"Aber der Kommunismus schafft die ewigen Wahrheiten ab, er schafft alle Religion und alle Moral ab."

लेकिन साम्यवाद शाश्वत सत्यों को समाप्त करता है, यह सभी धर्मों और सभी नैतिकता को समाप्त करता है।

"Sie tut dies, anstatt sie auf einer neuen Grundlage zu konstituieren"

"यह उन्हें एक नए आधार पर गठित करने के बजाय ऐसा करता है"

"Sie handelt daher im Widerspruch zu allen bisherigen historischen Erfahrungen"

"इसलिए यह पिछले सभी ऐतिहासिक अनुभवों के विपरीत कार्य करता है"

Worauf reduziert sich dieser Vorwurf?

यह आरोप खुद को क्या कम करता है?

Die Geschichte aller vergangenen Gesellschaften hat in der Entwicklung von Klassengegensätzen bestanden

सभी पिछले समाज का इतिहास वर्ग विरोधों के विकास में शामिल है

Antagonismen, die in verschiedenen Epochen unterschiedliche Formen annahmen

अलग-अलग युगों में अलग-अलग रूप धारण करने वाले विरोध

Aber welche Form sie auch immer angenommen haben
mögen, eine Tatsache ist allen vergangenen Zeitaltern
gemeinsam

लेकिन उन्होंने जो भी रूप लिया हो, एक तथ्य सभी पिछले युगों के लिए
सामान्य है

die Ausbeutung eines Teils der Gesellschaft durch den
anderen

समाज के एक हिस्से का दूसरे हिस्से द्वारा शोषण

Kein Wunder also, dass sich das gesellschaftliche
Bewußtsein vergangener Zeiten innerhalb gewisser
allgemeiner Formen oder allgemeiner Vorstellungen bewegt

कोई आश्चर्य नहीं, फिर, कि पिछले युगों की सामाजिक चेतना कुछ सामान्य
रूपों, या सामान्य विचारों के भीतर चलती है

(und das trotz aller Vielfalt und Vielfalt, die es zeigt)

(और यह सभी बहुलता और विविधता के बावजूद प्रदर्शित होता है)

Und diese können nur mit dem gänzlichen Verschwinden
der Klassengegensätze völlig verschwinden

और ये वर्ग विरोधों के पूरी तरह से गायब होने के बिना पूरी तरह से गायब
नहीं हो सकते हैं

Die kommunistische Revolution ist der radikalste Bruch mit
den traditionellen Eigentumsverhältnissen

कम्युनिस्ट क्रांति पारंपरिक संपत्ति संबंधों के साथ सबसे कट्टरपंथी टूटना है

Kein Wunder, dass ihre Entwicklung den radikalsten Bruch
mit den traditionellen Vorstellungen mit sich bringt

कोई आश्चर्य नहीं कि इसके विकास में पारंपरिक विचारों के साथ सबसे
कट्टरपंथी टूटना शामिल है

Aber lassen wir die Einwände der Bourgeoisie gegen den
Kommunismus hinter uns

लेकिन हमें साम्यवाद के लिए पूंजीपति आपत्तियों के साथ किया है

Wir haben oben den ersten Schritt der Arbeiterklasse in der
Revolution gesehen

हमने मज़दूर वर्ग द्वारा क्रांति के पहले कदम को ऊपर देखा है

Das Proletariat muss zur Herrschaft erhoben werden, um
den Kampf der Demokratie zu gewinnen

सर्वहारा वर्ग को शासन करने की स्थिति में लाना होगा, लोकतंत्र की लड़ाई
जीतनी होगी

Das Proletariat wird seine politische Vorherrschaft
benutzen, um der Bourgeoisie nach und nach alles Kapital
zu entreißen

सर्वहारा वर्ग अपने राजनीतिक वर्चस्व का उपयोग पूंजीपति वर्ग से सारी पूंजी
छीनने के लिए करेगा

sie wird alle Produktionsmittel in den Händen des Staates
zentralisieren

यह उत्पादन के सभी साधनों को राज्य के हाथों में केंद्रीकृत करेगा

Mit anderen Worten, das Proletariat organisierte sich als
herrschende Klasse

दूसरे शब्दों में, सर्वहारा शासक वर्ग के रूप में संगठित

Und sie wird die Summe der Produktivkräfte so schnell wie
möglich vermehren

और यह जितनी जल्दी हो सके उत्पादक शक्तियों की कुल वृद्धि करेगा

Natürlich kann dies anfangs nur durch despotische Eingriffe
in die Eigentumsrechte geschehen

बेशक, शुरुआत में, यह संपत्ति के अधिकारों पर निरंकुश अतिक्रमण के
माध्यम से छोड़कर प्रभावित नहीं किया जा सकता है

und sie muss unter den Bedingungen der Bourgeoisie
Produktion erreicht werden

और इसे बुर्जुआ उत्पादन की शर्तों पर हासिल करना होगा

Sie wird also durch Maßnahmen erreicht, die wirtschaftlich
unzureichend und unhaltbar erscheinen

यह उपायों के माध्यम से प्राप्त किया जाता है, इसलिए, जो आर्थिक रूप से
अपर्याप्त और अस्थिर दिखाई देते हैं

aber diese Mittel überflügeln sich im Laufe der Bewegung
selbst

लेकिन इसका मतलब है, आंदोलन के दौरान, खुद को पीछे छोड़ दें

sie erfordern weitere Eingriffe in die alte
Gesellschaftsordnung

उन्हें पुरानी सामाजिक व्यवस्था पर और अधिक अतिक्रमण करने की
आवश्यकता है

und sie sind unvermeidlich, um die Produktionsweise völlig
zu revolutionieren

और वे उत्पादन के तरीके में पूरी तरह से क्रांति लाने के साधन के रूप में
अपरिहार्य हैं

Diese Maßnahmen werden natürlich in den verschiedenen Ländern unterschiedlich sein

ये उपाय निश्चित रूप से अलग-अलग देशों में अलग-अलग होंगे

Nichtsdestotrotz wird in den am weitesten fortgeschrittenen Ländern das Folgende ziemlich allgemein anwendbar sein

फिर भी सबसे उन्नत देशों में, निम्नलिखित आम तौर पर लागू होंगे

1. Abschaffung des Grundeigentums und Verwendung aller Grundrenten für öffentliche Zwecke.

1. भूमि में संपत्ति का उन्मूलन और सार्वजनिक उद्देश्यों के लिए भूमि के सभी किराए का उपयोग।

2. Eine hohe progressive oder abgestufte Einkommensteuer.

2. एक भारी प्रगतिशील या स्नातक आयकर।

3. Abschaffung jeglichen Erbrechts.

3. विरासत के सभी अधिकारों का उन्मूलन।

4. Konfiskation des Eigentums aller Emigranten und Rebellen.

4. सभी प्रवासियों और विद्रोहियों की संपत्ति की जब्ती।

5. Zentralisierung des Kredits in den Händen des Staates durch eine Nationalbank mit staatlichem Kapital und ausschließlichem Monopol.

5. राज्य के हाथों में ऋण का केंद्रीकरण, राज्य पूंजी के साथ एक राष्ट्रीय बैंक और एक अनन्य एकाधिकार के माध्यम से।

6. Zentralisierung der Kommunikations- und Transportmittel in den Händen des Staates.

6. संचार और परिवहन के साधनों का राज्य के हाथों में केन्द्रीयकरण।

7. Ausbau der Fabriken und Produktionsmittel im Eigentum des Staates

7. राज्य के स्वामित्व वाले कारखानों और उत्पादन के उपकरणों का विस्तार

die Kultivierung von Ödland und die Verbesserung des Bodens überhaupt nach einem gemeinsamen Plan.

बंजर भूमि की खेती में लाना, और आम तौर पर एक सामान्य योजना के अनुसार मिट्टी का सुधार।

8. Gleiche Haftung aller für die Arbeit

8. श्रम के प्रति सभी का समान दायित्व

Aufbau von Industriearmeen, vor allem für die Landwirtschaft.

विशेष रूप से कृषि के लिए औद्योगिक सेनाओं की स्थापना।

9. Kombination der Landwirtschaft mit dem verarbeitenden Gewerbe

9. विनिर्माण उद्योगों के साथ कृषि का संयोजन

allmähliche Aufhebung der Unterscheidung zwischen Stadt und Land durch eine gleichmäßigere Verteilung der Bevölkerung über das Land.

देश भर में जनसंख्या के अधिक समान वितरण द्वारा शहर और देश के बीच अंतर का क्रमिक उन्मूलन।

10. Kostenlose Bildung für alle Kinder in öffentlichen Schulen.

10. पब्लिक स्कूलों में सभी बच्चों के लिए मुफ्त शिक्षा।

Abschaffung der Kinderfabrikarbeit in ihrer jetzigen Form

अपने वर्तमान स्वरूप में बच्चों के कारखाने के श्रम का उन्मूलन

Kombination von Bildung und industrieller Produktion

औद्योगिक उत्पादन के साथ शिक्षा का संयोजन

Wenn im Laufe der Entwicklung die Klassenunterschiede verschwunden sind

जबकि, विकास के क्रम में, वर्ग भेद गायब हो गए हैं

und wenn die ganze Produktion in den Händen einer ungeheuren Assoziation der ganzen Nation konzentriert ist

और जब सारा उत्पादन पूरे देश के विशाल संघ के हाथों में केंद्रित हो गया है

dann verliert die Staatsgewalt ihren politischen Charakter

तब सार्वजनिक शक्ति अपना राजनीतिक चरित्र खो देगी

Politische Macht, eigentlich so genannt, ist nichts anderes als die organisierte Macht einer Klasse, um eine andere zu unterdrücken

राजनीतिक शक्ति, ठीक से तथाकथित, केवल एक वर्ग की दूसरे पर अत्याचार करने के लिए संगठित शक्ति है

Wenn das Proletariat in seinem Kampf mit der Bourgeoisie durch die Gewalt der Umstände gezwungen ist, sich als Klasse zu organisieren

यदि सर्वहारा वर्ग बुर्जुआ वर्ग के साथ अपनी प्रतिस्पर्धा के दौरान, परिस्थितियों के बल पर, खुद को एक वर्ग के रूप में संगठित करने के लिए मजबूर हो जाता है

wenn sie sich durch eine Revolution zur herrschenden
Klasse macht

यदि, एक क्रांति के माध्यम से, यह खुद को शासक वर्ग बनाता है

und als solche fegt sie mit Gewalt die alten
Produktionsbedingungen hinweg

और, इस तरह, यह उत्पादन की पुरानी स्थितियों को बलपूर्वक दूर कर देता
है

dann wird sie mit diesen Bedingungen auch die
Bedingungen für die Existenz der Klassengegensätze und
der Klassen überhaupt hinweggefegt haben

तब यह इन स्थितियों के साथ-साथ वर्ग विरोधों और आम तौर पर वर्गों के
अस्तित्व की शर्तों को मिटा देगा

und wird damit seine eigene Vorherrschaft als Klasse
aufgehoben haben.

और इस तरह एक वर्ग के रूप में अपने स्वयं के वर्चस्व को समाप्त कर दिया
होगा।

An die Stelle der alten Bourgeoisie Gesellschaft mit ihren
Klassen und Klassengegensätzen treten eine Assoziation

पुराने बुर्जुआ समाज के स्थान पर, अपने वर्गों और वर्ग विरोधों के साथ,
हमारा एक संघ होगा

eine Assoziation, in der die freie Entwicklung eines jeden
die Bedingung für die freie Entwicklung aller ist

एक संघ जिसमें प्रत्येक का मुक्त विकास सभी के मुक्त विकास की शर्त है

1) Reaktionärer Sozialismus
1) प्रतिक्रियावादी समाजवाद

a) Feudaler Sozialismus
a) सामंती समाजवाद

die Aristokratien Frankreichs und Englands hatten eine
einzigartige historische Stellung
फ़्रांस और इंग्लैंड के अभिजात वर्ग की एक अद्वितीय ऐतिहासिक स्थिति थी
es wurde zu ihrer Berufung, Pamphlete gegen die moderne
Boureoisie Gesellschaft zu schreiben
आधुनिक बुर्जुआ समाज के खिलाफ पर्चे लिखना उनका पेशा बन गया
In der französischen Revolution vom Juli 1830 und in der
englischen Reformagitation
जुलाई 1830 की फ़्रांसीसी क्रांति में, और अंग्रेजी सुधार आंदोलन में
Diese Aristokratien erlagen wieder dem hasserfüllten
Emporkömmling
इन अभिजात वर्ग ने फिर से घृणित अपस्टार्ट के आगे घुटने टेक दिए
An eine ernsthafte politische Auseinandersetzung war
fortan nicht mehr zu denken
इसके बाद, एक गंभीर राजनीतिक प्रतियोगिता पूरी तरह से सवाल से बाहर
थी
Alles, was möglich blieb, war eine literarische Schlacht,
keine wirkliche Schlacht
जो कुछ भी संभव था वह साहित्यिक लड़ाई थी, वास्तविक लड़ाई नहीं
Aber auch auf dem Gebiet der Literatur waren die alten
Schreie der Restaurationszeit unmöglich geworden
लेकिन साहित्य के क्षेत्र में भी बहाली के दौर की पुरानी चीखें असंभव हो गईं
थीं
Um Sympathie zu erregen, mußte die Aristokratie offenbar
ihre eigenen Interessen aus den Augen verlieren
सहानुभूति जगाने के लिए, अभिजात वर्ग दृष्टि खोने के लिए बाध्य थे, जाहिरा
तौर पर, अपने स्वयं के हितों के
und sie waren gezwungen, ihre Anklage gegen die
Bourgeoisie im Interesse der ausgebeuteten Arbeiterklasse
zu formulieren

और वे शोषित मजदूर वर्ग के हित में पूंजीपति वर्ग के खिलाफ अपने अभियोग तैयार करने के लिए बाध्य थे

So rächte sich die Aristokratie, indem sie ihren neuen Herrn verspottete

इस प्रकार अभिजात वर्ग ने अपने नए गुरु पर लैंपून गाकर अपना बदला लिया

Und sie rächten sich, indem sie ihm unheimliche Prophezeiungen über die kommende Katastrophe ins Ohr flüsterten

और उन्होंने आने वाली तबाही की भयावह भविष्यवाणियों को उसके कानों में फुसफुसाते हुए अपना बदला लिया

So entstand der feudale Sozialismus: halb Klage, halb Spott

इस तरह सामंती समाजवाद का उदय हुआ: आधा विलाप, आधा दीपक

Es klang halb wie ein Echo der Vergangenheit und projizierte halb die Bedrohung der Zukunft

यह अतीत की आधी गूंज के रूप में बजता है, और भविष्य के आधे खतरे का अनुमान लगाता है

zuweilen traf sie durch ihre bittere, geistreiche und scharfe Kritik die Bourgeoisie bis ins Mark

कभी-कभी, अपनी कड़वी, मजाकिया और तीक्ष्ण आलोचना से, इसने पूंजीपति वर्ग को दिल से ही अंदर तक झकझोर दिया

aber es war immer lächerlich in seiner Wirkung, weil es völlig unfähig war, den Gang der neueren Geschichte zu begreifen

लेकिन आधुनिक इतिहास के मार्च को समझने में कुल अक्षमता के माध्यम से यह हमेशा अपने प्रभाव में हास्यास्पद था

Die Aristokratie schwenkte, um das Volk um sich zu scharen, den proletarischen Almosensack als Banner

अभिजात वर्ग ने, लोगों को उनके पास लाने के लिए, सर्वहारा भिक्षा-बैग को एक बैनर के लिए सामने लहराया

Aber das Volk, so oft es sich zu ihnen gesellte, sah auf seinem Hinterteil die alten Feudalwappen

लेकिन लोग, जितनी बार यह उनके साथ शामिल हो गया, उनके पीछे के हिस्सों पर हथियारों के पुराने सामंती कोट देखे

Und sie verließen mit lautem und respektlosem Gelächter

और वे जोर से और बेअदबी से हँसते हुए चले गए

Ein Teil der französischen Legitimisten und des "jungen Englands" zeigte dieses Schauspiel

फ्रांसीसी वैधतावादियों और "यंग इंग्लैंड" के एक वर्ग ने इस तमाशे का प्रदर्शन किया

die Feudalisten wiesen darauf hin, dass ihre Ausbeutungsweise eine andere sei als die der Bourgeoisie

सामंतवादियों ने बताया कि उनके शोषण का तरीका पूंजीपति वर्ग से अलग था

Die Feudalisten vergessen, dass sie unter ganz anderen Umständen und Bedingungen ausgebeutet haben

सामंतवादी भूल जाते हैं कि उन्होंने उन परिस्थितियों और परिस्थितियों में शोषण किया जो काफी अलग थीं

Und sie haben nicht bemerkt, dass solche Methoden der Ausbeutung heute veraltet sind

और उन्होंने ध्यान नहीं दिया कि शोषण के ऐसे तरीके अब पुरातन हैं

Sie zeigten, dass unter ihrer Herrschaft das moderne Proletariat nie existiert hat

उन्होंने दिखाया कि, उनके शासन के तहत, आधुनिक सर्वहारा वर्ग कभी अस्तित्व में नहीं था

aber sie vergessen, daß die moderne Bourgeoisie der notwendige Sprößling ihrer eigenen Gesellschaftsform ist

लेकिन वे भूल जाते हैं कि आधुनिक पूंजीपति वर्ग समाज के अपने स्वयं के रूप की आवश्यक संतान है

Im übrigen verbergen sie kaum den reaktionären Charakter ihrer Kritik

बाकी के लिए, वे शायद ही अपनी आलोचना के प्रतिक्रियावादी चरित्र को छिपाते हैं

ihre Hauptanklage gegen die Bourgeoisie läuft auf folgendes hinaus

पूंजीपति वर्ग के खिलाफ उनका मुख्य आरोप निम्नलिखित है

unter dem Boureoisie Regime entwickelt sich eine soziale Klasse

पूंजीपति शासन के तहत एक सामाजिक वर्ग विकसित किया जा रहा है

Diese soziale Klasse ist dazu bestimmt, die alte Gesellschaftsordnung an der Wurzel zu zerschneiden

यह सामाजिक वर्ग समाज की पुरानी व्यवस्था को जड़ से काटने और शाखा बनाने के लिए नियत है

Womit sie die Bourgeoisie aufpeppen, ist nicht so sehr, dass sie ein Proletariat schafft

वे पूंजीपति वर्ग को जिस चीज से उखाड़ फेंकते हैं, वह इतना नहीं है कि वह सर्वहारा वर्ग का निर्माण करे

womit sie die Bourgeoisie aufpeppen, ist mehr, dass sie ein revolutionäres Proletariat schafft

वे पूंजीपति वर्ग को और अधिक परेशान करते हैं ताकि यह एक क्रांतिकारी सर्वहारा वर्ग का निर्माण करे

In der politischen Praxis beteiligen sie sich daher an allen Zwangsmaßnahmen gegen die Arbeiterklasse

राजनीतिक व्यवहार में, इसलिए, वे मजदूर वर्ग के खिलाफ सभी जबरदस्त उपायों में शामिल होते हैं

Und im gewöhnlichen Leben bücken sie sich, trotz ihrer hochtrabenden Phrasen, um die goldenen Äpfel aufzuheben, die vom Baum der Industrie fallen gelassen wurden

और आम जीवन में, अपने हाईफाल्यूटिन वाक्यांशों के बावजूद, वे उद्योग के पेड़ से गिराए गए सुनहरे सेब लेने के लिए झुक जाते हैं

Und sie tauschen Wahrheit, Liebe und Ehre gegen den Handel mit Wolle, Rote-Bete-Zucker und Kartoffelbränden

और वे ऊन, चुकंदर-चीनी और आलू की आत्माओं में वाणिज्य के लिए सत्य, प्रेम और सम्मान का आदान-प्रदान करते हैं

Wie der Pfarrer immer Hand in Hand mit dem Gutsherrn gegangen ist, so ist es der klerikale Sozialismus mit dem feudalen Sozialismus getan

जैसा कि पार्सन कभी जमींदार के साथ हाथ से चला गया है, इसलिए सामंती समाजवाद के साथ लिपिक समाजवाद है

Nichts ist leichter, als der christlichen Askese einen sozialistischen Anstrich zu geben

ईसाई तपस्या को समाजवादी रंग देने से आसान कुछ भी नहीं है

Hat nicht das Christentum gegen das Privateigentum, gegen die Ehe, gegen den Staat deklamiert?

क्या ईसाई धर्म ने निजी संपत्ति के खिलाफ, विवाह के खिलाफ, राज्य के खिलाफ घोषणा नहीं की है?

Hat das Christentum nicht an die Stelle dieser Nächstenliebe und Armut getreten?

क्या इन के स्थान पर ईसाई धर्म का प्रचार नहीं किया गया है, दान और गरीबी?

Predigt das Christentum nicht den Zölibat und die Abtötung des Fleisches, das monastische Leben und die Mutter Kirche?

क्या ईसाई धर्म ब्रह्मचर्य और मांस के वैराग्य का उपदेश, मठवासी जीवन और मदर चर्च का प्रचार नहीं करता है?

Der christliche Sozialismus ist nur das Weihwasser, mit dem der Priester das Herzbrennen des Aristokraten weiht

ईसाई समाजवाद वह पवित्र जल है जिसके साथ पुजारी अभिजात वर्ग के दिल की जलन को पवित्र करता है

b) Kleinbürgerlicher Sozialismus
b) क्षुद्र-बुर्जुआ समाजवाद

Die feudale Aristokratie war nicht die einzige Klasse, die von der Bourgeoisie ruiniert wurde

सामंती अभिजात वर्ग एकमात्र ऐसा वर्ग नहीं था जिसे पूंजीपति वर्ग ने बर्बाद कर दिया था

sie war nicht die einzige Klasse, deren Existenzbedingungen in der Atmosphäre der modernen Bourgeoisie Gesellschaft schmachten und zugrunde gingen

यह एकमात्र ऐसा वर्ग नहीं था जिसके अस्तित्व की परिस्थितियाँ आधुनिक बुर्जुआ समाज के वातावरण में ठिठक गईं और नष्ट हो गईं

Die mittelalterliche Bürgerschaft und die kleinbäuerlichen Eigentümer waren die Vorläufer des modernen Bourgeoisie

मध्ययुगीन बर्गेस और छोटे किसान मालिक आधुनिक पूंजीपति वर्ग के अग्रदूत थे

In den Ländern, die industriell und kommerziell nur wenig entwickelt sind, vegetieren diese beiden Klassen noch Seite an Seite

उन देशों में जो औद्योगिक और वाणिज्यिक रूप से बहुत कम विकसित हैं, ये दोनों वर्ग अभी भी साथ-साथ वनस्पति हैं

und in der Zwischenzeit erhebt sich die Bourgeoisie neben
ihnen: industriell, kommerziell und politisch

और इस बीच पूंजीपति वर्ग उनके बगल में उठ खड़ा होता है: औद्योगिक,
व्यावसायिक और राजनीतिक रूप से

In den Ländern, in denen die moderne Zivilisation voll
entwickelt ist, hat sich eine neue Klasse des
Kleinbourgeoisie gebildet

जिन देशों में आधुनिक सभ्यता पूरी तरह विकसित हो चुकी है, वहाँ क्षुद्र
बुर्जुआ वर्ग का एक नया वर्ग खड़ा हो गया है

diese neue soziale Klasse schwankt zwischen Proletariat
und Bourgeoisie

यह नया सामाजिक वर्ग सर्वहारा वर्ग और पूंजीपति वर्ग के बीच उतार-चढ़ाव
करता है

und sie erneuert sich ständig als ergänzender Teil der
Bourgeoisie Gesellschaft

और यह हमेशा बुर्जुआ समाज के पूरक हिस्से के रूप में खुद को नवीनीकृत
कर रहा है

Die einzelnen Glieder dieser Klasse aber werden
fortwährend in das Proletariat hinabgeschleudert

लेकिन इस वर्ग के अलग-अलग सदस्यों को लगातार सर्वहारा वर्ग में धकेला
जा रहा है

sie werden vom Proletariat durch die Einwirkung der
Konkurrenz aufgesaugt

उन्हें प्रतिस्पर्धा की कार्रवाई के माध्यम से सर्वहारा वर्ग द्वारा चूसा जाता है

In dem Maße, wie sich die moderne Industrie entwickelt,
sehen sie sogar den Augenblick herannahen, in dem sie als
eigenständiger Teil der modernen Gesellschaft völlig
verschwinden wird

जैसे-जैसे आधुनिक उद्योग विकसित होता है, वे उस क्षण को भी देखते हैं
जब वे आधुनिक समाज के एक स्वतंत्र खंड के रूप में पूरी तरह से गायब हो
जाएंगे

Sie werden in der Manufaktur, in der Landwirtschaft und
im Handel durch Aufseher, Gerichtsvollzieher und Krämer
ersetzt werden

उन्हें विनिर्माण, कृषि और वाणिज्य में, अनदेखी, बेलिफ और दुकानदारों
द्वारा प्रतिस्थापित किया जाएगा

In Ländern wie Frankreich, wo die Bauern weit mehr als die Hälfte der Bevölkerung ausmachen

फ्रांस जैसे देशों में, जहां किसान आबादी के आधे से अधिक का गठन करते हैं

es war natürlich, dass es Schriftsteller gab, die sich auf die Seite des Proletariats gegen die Bourgeoisie stellten

यह स्वाभाविक था कि ऐसे लेखक हैं जिन्होंने पूंजीपति वर्ग के खिलाफ सर्वहारा वर्ग का पक्ष लिया

in ihrer Kritik am Bourgeoisie Regime benutzten sie den Maßstab des Bauern- und Kleinbourgeoisie

पूंजीपति शासन की अपनी आलोचना में उन्होंने किसान और क्षुद्र पूंजीपति वर्ग के मानक का इस्तेमाल किया

Und vom Standpunkt dieser Zwischenklassen aus ergreifen sie die Keule für die Arbeiterklasse

और इन मध्यवर्ती वर्गों के दृष्टिकोण से वे मजदूर वर्ग के लिए कुदाल लेते हैं

So entstand der Kleinbourgeoisie Sozialismus, dessen Haupt Sismondi nicht nur in Frankreich, sondern auch in England war

इस प्रकार क्षुद्र-बुर्जुआ समाजवाद का उदय हुआ, जिसमें से सिसमोंडी इस स्कूल के प्रमुख थे, न केवल फ्रांस में बल्कि इंग्लैंड में भी

Diese Schule des Sozialismus sezierte mit großer Schärfe die Widersprüche in den Bedingungen der modernen Produktion

समाजवाद के इस स्कूल ने आधुनिक उत्पादन की स्थितियों में विरोधाभासों को बड़ी तीव्रता के साथ विच्छेदित किया

Diese Schule entlarvte die heuchlerischen Entschuldigungen der Ökonomen

इस स्कूल ने अर्थशास्त्रियों की पाखंडी माफी का पर्दाफाश किया

Diese Schule bewies unwiderlegbar die verheerenden Auswirkungen der Maschinerie und der Arbeitsteilung

इस स्कूल ने मशीनरी और श्रम विभाजन के विनाशकारी प्रभावों को निर्विवाद रूप से साबित कर दिया

Es bewies die Konzentration von Kapital und Grund und Boden in wenigen Händen

इसने कुछ हाथों में पूंजी और भूमि की एकाग्रता साबित कर दी

sie bewies, wie Überproduktion zu Bourgeoisie-Krisen führt

यह साबित हुआ कि कैसे अतिउत्पादन बुर्जुआ संकट की ओर ले जाता है

sie wies auf den unvermeidlichen Ruin des
Kleinbourgeoisie' und der Bauern hin

इसने क्षुद्र पूंजीपति वर्ग और किसान की अपरिहार्य बर्बादी की ओर इशारा
किया

das Elend des Proletariats, die Anarchie in der Produktion,
die schreiende Ungleichheit in der Verteilung des
Reichtums

सर्वहारा वर्ग का दुख, उत्पादन में अराजकता, धन के वितरण में रोना
असमानता

Er zeigte, wie das Produktionssystem den industriellen
Vernichtungskrieg zwischen den Nationen führt

इसने दिखाया कि कैसे उत्पादन की प्रणाली राष्ट्रों के बीच विनाश के
औद्योगिक युद्ध का नेतृत्व करती है

die Auflösung der alten sittlichen Bande, der alten
Familienverhältnisse, der alten Nationalitäten

पुराने नैतिक बंधनों का विघटन, पुराने पारिवारिक संबंधों का, पुरानी
राष्ट्रीयताओं का

In ihren positiven Zielen strebt diese Form des Sozialismus
jedoch eines von zwei Dingen an

अपने सकारात्मक उद्देश्यों में, हालांकि, समाजवाद का यह रूप दो चीजों में
से एक को प्राप्त करने की इच्छा रखता है

Entweder zielt sie darauf ab, die alten Produktions- und
Tauschmittel wiederherzustellen

या तो इसका उद्देश्य उत्पादन और विनिमय के पुराने साधनों को बहाल
करना है

und mit den alten Produktionsmitteln würde sie die alten
Eigentumsverhältnisse und die alte Gesellschaft
wiederherstellen

और उत्पादन के पुराने साधनों के साथ यह पुराने संपत्ति संबंधों और पुराने
समाज को बहाल करेगा

oder sie zielt darauf ab, die modernen Produktions- und
Austauschmittel in den alten Rahmen der
Eigentumsverhältnisse zu zwängen

या इसका उद्देश्य संपत्ति संबंधों के पुराने ढांचे में उत्पादन और विनिमय के
आधुनिक साधनों को कुचलना है

In beiden Fällen ist es sowohl reaktionär als auch utopisch

किसी भी मामले में, यह प्रतिक्रियावादी और यूटोपियन दोनों है

Seine letzten Worte lauten: Korporativzünfte für die
Manufaktur, patriarchalische Verhältnisse in der
Landwirtschaft

इसके अंतिम शब्द हैं: कृषि में निर्माण, पितृसत्तात्मक संबंधों के लिए कॉर्पोरेट
गिल्ड

Schließlich, als hartnäckige historische Tatsachen alle
berauschenden Wirkungen der Selbsttäuschung zerstreut
hatten,

अंततः, जब जिद्दी ऐतिहासिक तथ्यों ने आत्म-धोखे के सभी नशीले प्रभावों को
तितर-बितर कर दिया था

diese Form des Sozialismus endete in einem elenden Anfall
von Mitleid

समाजवाद का यह रूप दया के एक दयनीय फिट में समाप्त हो गया

c) Deutscher oder "wahrer" Sozialismus
ग) जर्मन, या "सच," समाजवाद

Die sozialistische und kommunistische Literatur
Frankreichs entstand unter dem Druck einer herrschenden
Bourgeoisie

फ्रांस के समाजवादी और कम्युनिस्ट साहित्य सत्ता में एक पूंजीपति वर्ग के
दबाव में उत्पन्न हुआ

Und diese Literatur war der Ausdruck des Kampfes gegen
diese Macht

और यह साहित्य इस शक्ति के खिलाफ संघर्ष की अभिव्यक्ति थी

sie wurde in Deutschland zu einer Zeit eingeführt, als die
Bourgeoisie gerade ihren Kampf mit dem feudalen
Absolutismus begonnen hatte

यह जर्मनी में ऐसे समय में पेश किया गया था जब पूंजीपति वर्ग ने सामंती
निरंकुशता के साथ अपनी प्रतियोगिता शुरू की थी

Deutsche Philosophen, Möchtegern-Philosophen und Beaux
Esprits griffen begierig zu dieser Literatur

जर्मन दार्शनिक, दार्शनिक और बीक्स एस्प्रिट्स, उत्सुकता से इस साहित्य
पर कब्जा कर लिया

aber sie vergaßen, daß die Schriften aus Frankreich nach
Deutschland einwanderten, ohne die französischen
Gesellschaftsverhältnisse mitzubringen

लेकिन वे भूल गए कि लेखन फ्रांसीसी सामाजिक परिस्थितियों को साथ लाए
बिना फ्रांस से जर्मनी में आ गया

Im Kontakt mit den deutschen gesellschaftlichen
Verhältnissen verlor diese französische Literatur ihre
unmittelbare praktische Bedeutung

जर्मन सामाजिक परिस्थितियों के संपर्क में, इस फ्रांसीसी साहित्य ने अपने
सभी तात्कालिक व्यावहारिक महत्व खो दिए

und die kommunistische Literatur Frankreichs nahm in
deutschen akademischen Kreisen einen rein literarischen
Aspekt an

और फ्रांस के कम्युनिस्ट साहित्य ने जर्मन अकादमिक हलकों में एक विशुद्ध
साहित्यिक पहलू ग्रहण किया

So waren die Forderungen der ersten Französischen
Revolution nichts anderes als die Forderungen der
"praktischen Vernunft"

इस प्रकार, पहली फ्रांसीसी क्रांति की मांग "व्यावहारिक कारण" की मांगों से
ज्यादा कुछ नहीं थी

und die Willensäußerung der revolutionären französischen
Bourgeoisie bedeutete in ihren Augen das Gesetz des reinen
Willens

और क्रांतिकारी फ्रांसीसी पूंजीपति वर्ग की इच्छा के कथन ने उनकी आंखों
में शुद्ध इच्छा के कानून का संकेत दिया

es bedeutete den Willen, wie er sein mußte; des wahren
menschlichen Willens überhaupt

इसने विल को दर्शाया जैसा कि यह होना ही था; आम तौर पर सच्ची मानव
इच्छा का

Die Welt der deutschen Literaten bestand einzig und allein
darin, die neuen französischen Ideen mit ihrem alten
philosophischen Gewissen in Einklang zu bringen

जर्मन साहित्यकारों की दुनिया पूरी तरह से नए फ्रांसीसी विचारों को अपने
प्राचीन दार्शनिक विवेक के अनुरूप लाने में शामिल थी

oder vielmehr, sie annektierten die französischen Ideen,
ohne ihren eigenen philosophischen Standpunkt
aufzugeben

या यों कहें, उन्होंने अपने स्वयं के दार्शनिक दृष्टिकोण को छोड़े बिना फ्रांसीसी विचारों को जोड़ दिया

Diese Annexion vollzog sich auf die gleiche Weise, wie man sich eine Fremdsprache aneignet, nämlich durch Übersetzung

यह अनुलग्रक उसी तरह से हुआ जिसमें एक विदेशी भाषा को विनियोजित किया जाता है, अर्थात्, अनुवाद द्वारा

Es ist bekannt, wie die Mönche alberne Leben katholischer Heiliger über Manuskripte schrieben

यह सर्वविदित है कि भिक्षुओं ने पांडुलिपियों पर कैथोलिक संतों के मूर्खतापूर्ण जीवन को कैसे लिखा

die Manuskripte, auf denen die klassischen Werke des antiken Heidentums geschrieben waren

पांडुलिपियां जिन पर प्राचीन हीथेंडम के शास्त्रीय कार्य लिखे गए थे

Die deutschen Literaten kehrten diesen Prozess mit der profanen französischen Literatur um

जर्मन साहित्यकारों ने अपवित्र फ्रांसीसी साहित्य के साथ इस प्रक्रिया को उलट दिया

Sie schrieben ihren philosophischen Unsinn unter das französische Original

उन्होंने फ्रांसीसी मूल के नीचे अपनी दार्शनिक बकवास लिखी

Zum Beispiel schrieben sie unter der französischen Kritik an den ökonomischen Funktionen des Geldes "Entfremdung der Menschheit"

उदाहरण के लिए, पैसे के आर्थिक कार्यों की फ्रांसीसी आलोचना के तहत, उन्होंने "मानवता का अलगाव" लिखा

unter die französische Kritik am Bourgeoisie Staat schrieben sie "Entthronung der Kategorie des Generals"

पूंजीपति राज्य की फ्रांसीसी आलोचना के तहत उन्होंने लिखा "जनरल की श्रेणी का गद्दी"

Die Einführung dieser philosophischen Phrasen hinter der französischen Geschichtskritik nannten sie:

फ्रांसीसी ऐतिहासिक आलोचनाओं के पीछे इन दार्शनिक वाक्यांशों की शुरूआत उन्होंने डब की:

"Philosophie des Handelns", "Wahrer Sozialismus",
"Deutsche Sozialismuswissenschaft", "Philosophische
Grundlagen des Sozialismus" und so weiter

"कार्रवाई का दर्शन," "सच्चा समाजवाद," "समाजवाद का जर्मन विज्ञान,"
"समाजवाद का दार्शनिक फाउंडेशन," और इसी तरह

Die französische sozialistische und kommunistische
Literatur wurde damit völlig entmannt

फ्रांसीसी समाजवादी और कम्युनिस्ट साहित्य इस प्रकार पूरी तरह से
नपुंसक हो गया था

in den Händen der deutschen Philosophen hörte sie auf, den
Kampf der einen Klasse mit der anderen auszudrücken

जर्मन दार्शनिकों के हाथों में यह एक वर्ग के संघर्ष को दूसरे के साथ व्यक्त
करना बंद कर दिया

und so fühlten sich die deutschen Philosophen bewußt, die
"französische Einseitigkeit" überwunden zu haben

और इसलिए जर्मन दार्शनिकों ने "फ्रांसीसी एकतरफापन" पर काबू पाने के
प्रति सचेत महसूस किया

Sie musste keine wahren Forderungen repräsentieren,
sondern sie repräsentierte Forderungen der Wahrheit

इसे सच्ची आवश्यकताओं का प्रतिनिधित्व करने की आवश्यकता नहीं थी,
बल्कि, यह सत्य की आवश्यकताओं का प्रतिनिधित्व करता था

es gab kein Interesse am Proletariat, sondern an der
menschlichen Natur

सर्वहारा वर्ग में कोई रुचि नहीं थी, बल्कि, मानव स्वभाव में रुचि थी

das Interesse galt dem Menschen überhaupt, der keiner
Klasse angehört und keine Wirklichkeit hat

रुचि सामान्य रूप से मनुष्य में थी, जो किसी वर्ग का नहीं है, और कोई
वास्तविकता नहीं है

ein Mann, der nur im nebligen Reich der philosophischen
Fantasie existiert

एक आदमी जो केवल दार्शनिक कल्पना के धुंधले दायरे में मौजूद है

aber schließlich verlor auch dieser deutsche
Schulsozialismus seine pedantische Unschuld

लेकिन अंततः इस स्कूली छात्र जर्मन समाजवाद ने भी अपनी पांडित्यपूर्ण
मासूमियत खो दी

die deutsche Bourgeoisie und besonders die preußische Bourgeoisie kämpfte gegen die feudale Aristokratie

जर्मन पूंजीपति वर्ग, और विशेष रूप से प्रशिया पूंजीपति वर्ग ने सामंती अभिजात वर्ग के खिलाफ लड़ाई लड़ी

auch die absolute Monarchie Deutschlands und Preußens wurde bekämpft

जर्मनी और प्रशिया की पूर्ण राजशाही के खिलाफ भी लड़ाई लड़ी जा रही थी

Und im Gegenzug wurde auch die Literatur der liberalen Bewegung ernster

और बदले में, उदारवादी आंदोलन का साहित्य भी अधिक गंभीर हो गया

Deutschlands lang ersehnte Chance auf einen "wahren" Sozialismus wurde geboten

"सच्चे" समाजवाद के लिए जर्मनी के लंबे समय से वांछित अवसर की पेशकश की गई थी

die Möglichkeit, die politische Bewegung mit den sozialistischen Forderungen zu konfrontieren

समाजवादी मांगों के साथ राजनीतिक आंदोलन का सामना करने का अवसर

die Gelegenheit, die traditionellen Bannsprüche gegen den Liberalismus zu schleudern

उदारवाद के खिलाफ पारंपरिक अभिशाप फेंकने का अवसर

die Möglichkeit, die repräsentative Regierung und die Bourgeoisie Konkurrenz anzugreifen

प्रतिनिधि सरकार और पूंजीपति वर्ग प्रतियोगिता पर हमला करने का अवसर

Pressefreiheit der Bourgeoisie, Bourgeoisie Gesetzgebung, Bourgeoisie Freiheit und Gleichheit

प्रेस की बुर्जुआ स्वतंत्रता, बुर्जुआ कानून, बुर्जुआ स्वतंत्रता और समानता

All dies könnte nun in der realen Welt kritisiert werden, anstatt in der Fantasie

इन सभी की अब कल्पना के बजाय वास्तविक दुनिया में आलोचना की जा सकती है

Feudalaristokratie und absolute Monarchie hatten den Massen lange gepredigt

सामंती अभिजात वर्ग और पूर्ण राजशाही ने लंबे समय तक जनता को प्रचार किया था

"Der Arbeiter hat nichts zu verlieren und er hat alles zu gewinnen"

"काम करने वाले आदमी के पास खोने के लिए कुछ नहीं है, और उसके पास पाने के लिए सब कुछ है।

auch die Bourgeoisie bewegung bot eine Chance, sich mit diesen Plattitüden auseinanderzusetzen

पूंजीपति आंदोलन ने भी इन प्लैटिट्यूड्स का सामना करने का मौका दिया

die französische Kritik setzte die Existenz der modernen Bourgeoisie Gesellschaft voraus

फ्रांसीसी आलोचना ने आधुनिक बुर्जुआ समाज के अस्तित्व को पूर्ववत किया

Bourgeoisie, ökonomische Existenzbedingungen und Bourgeoisie politische Verfassung

अस्तित्व की बुर्जुआ आर्थिक स्थिति और बुर्जुआ राजनीतिक संविधान

gerade die Dinge, deren Errungenschaft Gegenstand des in Deutschland anstehenden Kampfes war

वही चीजें जिनकी प्राप्ति जर्मनी में लंबित संघर्ष का उद्देश्य थी

Deutschlands albernes Echo des Sozialismus hat diese Ziele gerade noch rechtzeitig aufgegeben

जर्मनी की समाजवाद की मूर्खतापूर्ण गूंज ने इन लक्ष्यों को ठीक समय पर छोड़ दिया

Die absoluten Regierungen hatten ihre Gefolgschaft aus Pfarrern, Professoren, Landjunkern und Beamten

निरपेक्ष सरकारों के पास पार्सन्स, प्रोफेसरों, देश के स्क्वायर और अधिकारियों का अनुसरण था

die damalige Regierung begegnete den deutschen Arbeiteraufständen mit Auspeitschungen und Kugeln

उस समय की सरकार ने जर्मन मजदूर वर्ग के उदय को कोड़े और गोलियों से पूरा किया

ihnen diente dieser Sozialismus als willkommene Vogelscheuche gegen die drohende Bourgeoisie

उनके लिए इस समाजवाद ने धमकी देने वाले पूंजीपति वर्ग के खिलाफ एक स्वागत योग्य बिजूका के रूप में कार्य किया

und die deutsche Regierung konnte nach den bitteren Pillen, die sie austeilte, ein süßes Dessert anbieten

और जर्मन सरकार कड़वी गोलियों के बाद एक मीठी मिठाई की पेशकश करने में सक्षम थी

dieser "wahre" Sozialismus diente also den Regierungen als Waffe im Kampf gegen die deutsche Bourgeoisie

इस "सच्चे" समाजवाद ने इस प्रकार सरकारों को जर्मन पूंजीपति वर्ग से लड़ने के लिए एक हथियार के रूप में सेवा दी

und gleichzeitig repräsentierte sie direkt ein reaktionäres Interesse; die der deutschen Philister

और, एक ही समय में, यह सीधे एक प्रतिक्रियावादी हित का प्रतिनिधित्व किया; जर्मन पलिशितयों की

In Deutschland ist das Kleinbourgeoisie die wirkliche gesellschaftliche Grundlage des bestehenden Zustandes

जर्मनी में क्षुद्र बुर्जुआ वर्ग मौजूदा स्थिति का वास्तविक सामाजिक आधार है

Ein Relikt des sechzehnten Jahrhunderts, das immer wieder in verschiedenen Formen auftaucht

सोलहवीं शताब्दी का एक अवशेष जो लगातार विभिन्न रूपों में सामने आ रहा है

Diese Klasse zu bewahren bedeutet, den bestehenden Zustand in Deutschland zu bewahren

इस वर्ग को संरक्षित करना जर्मनी में चीजों की मौजूदा स्थिति को संरक्षित करना है

Die industrielle und politische Vorherrschaft der Bourgeoisie bedroht das KleinBourgeoisie mit der sicheren Vernichtung

पूंजीपति वर्ग का औद्योगिक और राजनीतिक वर्चस्व क्षुद्र पूंजीपति वर्ग को कुछ विनाश की धमकी देता है

auf der einen Seite droht sie das Kleinbourgeoisiedurch die Konzentration des Kapitals zu vernichten

एक ओर, यह पूंजी की एकाग्रता के माध्यम से क्षुद्र पूंजीपति वर्ग को नष्ट करने की धमकी देता है

auf der anderen Seite droht die Bourgeoisie, sie durch den Aufstieg eines revolutionären Proletariats zu zerstören

दूसरी ओर, पूंजीपति वर्ग एक क्रांतिकारी सर्वहारा वर्ग के उदय के माध्यम से इसे नष्ट करने की धमकी देता है

Der "wahre" Sozialismus schien diese beiden Fliegen mit einer Klappe zu schlagen. Es breitete sich wie eine Epidemie aus

"सच है" समाजवाद इन दो पक्षियों को एक पत्थर से मारता दिखाई दिया। यह एक महामारी की तरह फैल गया

Das Gewand spekulativer Spinnweben, bestickt mit Blumen der Rhetorik, durchtränkt vom Tau kränklicher Gefühle

सट्टा मकड़ी के जाले का बागे, बयानबाजी के फूलों के साथ कशीदाकारी, बीमार भावना की ओस में डूबा हुआ

dieses transzendentale Gewand, in das die deutschen Sozialisten ihre traurigen "ewigen Wahrheiten" hüllten

यह पारलौकिक वस्त्र जिसमें जर्मन समाजवादियों ने अपने खेदजनक "शाश्वत सत्य" को लपेट लिया

alle Haut und Knochen, dienten dazu, den Absatz ihrer Waren bei einem solchen Publikum wunderbar zu vermehren.

सभी त्वचा और हड्डी, इस तरह के एक जनता के बीच अपने माल की बिक्री में आश्चर्यजनक वृद्धि करने के लिए सेवा की

Und der deutsche Sozialismus seinerseits erkannte mehr und mehr seine eigene Berufung

और अपनी ओर से, जर्मन समाजवाद ने अधिक से अधिक, अपनी बुलाहट को मान्यता दी

sie war berufen, die bombastische Vertreterin des Kleinbourgeoisie Philisters zu sein

इसे क्षुद्र-बुर्जुआ पलिश्ती का बमबारी प्रतिनिधि कहा जाता था

Sie proklamierte die deutsche Nation als Musternation und den deutschen Kleinphilister als Mustermann

इसने जर्मन राष्ट्र को आदर्श राष्ट्र घोषित किया, और जर्मन क्षुद्र पलिश्ती को आदर्श व्यक्ति घोषित किया

Jeder schurkischen Gemeinheit dieses Mustermenschen gab sie eine verborgene, höhere, sozialistische Deutung

इस मॉडल आदमी के हर खलनायक मतलबी को इसने एक छिपी हुई, उच्चतर, समाजवादी व्याख्या दी

diese höhere, sozialistische Deutung war das genaue Gegenteil ihres wirklichen Charakters

यह उच्चतर, समाजवादी व्याख्या इसके वास्तविक चरित्र के बिल्कुल विपरीत थी

Sie ging so weit, sich der "brutal destruktiven" Tendenz des Kommunismus direkt entgegenzustellen

यह साम्यवाद की "क्रूरता से विनाशकारी" प्रवृत्ति का सीधे विरोध करने की चरम सीमा तक चला गया

und sie proklamierte ihre höchste und unparteiische Verachtung aller Klassenkämpfe

और यह सभी वर्ग संघर्ष के अपने सर्वोच्च और निष्पक्ष अवमानना की घोषणा की

Mit sehr wenigen Ausnahmen gehören alle sogenannten sozialistischen und kommunistischen Publikationen, die jetzt (1847) in Deutschland zirkulieren, in den Bereich dieser üblen und entnervenden Literatur

बहुत कम अपवादों के साथ, सभी तथाकथित समाजवादी और कम्युनिस्ट प्रकाशन जो अब (1847) जर्मनी में प्रसारित होते हैं, इस बेईमानी और उत्साही साहित्य के क्षेत्र से संबंधित हैं

2) Konservativer Sozialismus oder bürgerlicher Sozialismus
2) रूढ़िवादी समाजवाद, या बुर्जुआ समाजवाद

Ein Teil der Bourgeoisie will soziale Missstände beseitigen
पूंजीपति वर्ग का एक हिस्सा सामाजिक शिकायतों के निवारण का इच्छुक है
um den Fortbestand der Bourgeoisie Gesellschaft zu sichern
बुर्जुआ समाज के निरंतर अस्तित्व को सुरक्षित करने के लिए
Zu dieser Sektion gehören Ökonomen, Philanthropen, Menschenfreunde
इस वर्ग में अर्थशास्त्री, परोपकारी, मानवतावादी हैं
Verbesserer der Lage der Arbeiterklasse und Organisatoren der Wohltätigkeit
मजदूर वर्ग और दान के आयोजकों की स्थिति में सुधार
Mitglieder von Gesellschaften zur Verhütung von Tierquälerei
जानवरों के प्रति क्रूरता की रोकथाम के लिए सोसायटी के सदस्य
Mäßigkeitsfanatiker, Loch-und-Ecken-Reformer aller erdenklichen Art
संयम कट्टरपंथी, हर कल्पनीय प्रकार के छेद-और-कोने सुधारक
Diese Form des Sozialismus ist überdies zu vollständigen Systemen ausgearbeitet worden
समाजवाद के इस रूप को, इसके अलावा, पूर्ण प्रणालियों में काम किया गया है
Als Beispiel für diese Form sei Proudhons "Philosophie de la Misère" angeführt
हम इस रूप के उदाहरण के रूप में प्राउडॉन के "फिलॉसफी डे ला मिसेरे" का हवाला दे सकते हैं
Die sozialistische Bourgeoisie will alle Vorteile der modernen gesellschaftlichen Verhältnisse
समाजवादी पूंजीपति वर्ग आधुनिक सामाजिक परिस्थितियों के सभी लाभ चाहते हैं
aber die sozialistische Bourgeoisie will nicht unbedingt die daraus resultierenden Kämpfe und Gefahren
लेकिन समाजवादी पूंजीपति वर्ग जरूरी नहीं कि परिणामी संघर्ष और खतरे चाहते हैं
Sie wollen den bestehenden Zustand der Gesellschaft, abzüglich ihrer revolutionären und zerfallenden Elemente

वे समाज की मौजूदा स्थिति की इच्छा रखते हैं, इसके क्रांतिकारी और विघटनकारी तत्वों को छोड़कर

mit anderen Worten, sie wünschen sich eine Bourgeoisie ohne Proletariat

दूसरे शब्दों में, वे सर्वहारा वर्ग के बिना एक पूंजीपति वर्ग की कामना करते हैं

Die Bourgeoisie begreift natürlich die Welt, in der sie die höchste ist, die Beste zu sein

पूंजीपति स्वाभाविक रूप से उस दुनिया की कल्पना करते हैं जिसमें सर्वश्रेष्ठ होना सर्वोच्च है

und der Bourgeoisie Sozialismus entwickelt diese bequeme Auffassung zu verschiedenen mehr oder weniger vollständigen Systemen

और बुर्जुआ समाजवाद इस आरामदायक अवधारणा को विभिन्न कम या ज्यादा पूर्ण प्रणालियों में विकसित करता है

sie wünschen sich sehr, dass das Proletariat geradewegs in das soziale Neue Jerusalem marschiert

वे सर्वहारा वर्ग को सीधे सामाजिक नए यरूशलेम में मार्च करना पसंद करेंगे

Aber in Wirklichkeit verlangt sie, dass das Proletariat innerhalb der Grenzen der bestehenden Gesellschaft bleibt

लेकिन वास्तव में सर्वहारा वर्ग को मौजूदा समाज की सीमा के भीतर रहने की आवश्यकता है

sie fordern das Proletariat auf, alle seine hasserfüllten Ideen über die Bourgeoisie abzulegen

वे सर्वहारा वर्ग से पूंजीपति वर्ग के संबंध में अपने सभी घृणित विचारों को दूर करने के लिए कहते हैं

es gibt eine zweite, praktischere, aber weniger systematische Form dieses Sozialismus

इस समाजवाद का एक और अधिक व्यावहारिक, लेकिन कम व्यवस्थित रूप है

Diese Form des Sozialismus versuchte, jede revolutionäre Bewegung in den Augen der Arbeiterklasse abzuwerten

समाजवाद के इस रूप श्रमिक वर्ग की नजर में हर क्रांतिकारी आंदोलन मूल्यह्रास करने की मांग की

Sie argumentieren, dass keine bloße politische Reform für sie von Vorteil sein könnte

उनका तर्क है कि केवल राजनीतिक सुधार से उन्हें कोई फायदा नहीं हो सकता

nur eine Veränderung der materiellen Existenzbedingungen
in den wirtschaftlichen Beziehungen ist von Nutzen

आर्थिक संबंधों में अस्तित्व की भौतिक स्थितियों में बदलाव ही लाभ का है

Wie der Kommunismus tritt auch diese Form des
Sozialismus für eine Veränderung der materiellen
Existenzbedingungen ein

साम्यवाद की तरह, समाजवाद का यह रूप अस्तित्व की भौतिक स्थितियों में
बदलाव की वकालत करता है

Diese Form des Sozialismus bedeutet jedoch keineswegs,
dass die Bourgeoisie Produktionsverhältnisse abgeschafft
werden

हालांकि, समाजवाद का यह रूप किसी भी तरह से उत्पादन के पूंजीपति
संबंधों के उन्मूलन का सुझाव नहीं देता है

die Abschaffung der Bourgeoisie Produktionsverhältnisse
kann nur durch eine Revolution erreicht werden

उत्पादन के पूंजीपति संबंधों का उन्मूलन केवल एक क्रांति के माध्यम से
प्राप्त किया जा सकता है

Doch statt einer Revolution schlägt diese Form des
Sozialismus Verwaltungsreformen vor

लेकिन एक क्रांति के बजाय, समाजवाद का यह रूप प्रशासनिक सुधारों का
सुझाव देता है

und diese Verwaltungsreformen würden auf dem
Fortbestand dieser Beziehungen beruhen

और ये प्रशासनिक सुधार इन संबंधों के निरंतर अस्तित्व पर आधारित होंगे

Reformen, die in keiner Weise die Beziehungen zwischen
Kapital und Arbeit berühren

इसलिए, जो किसी भी संबंध में पूंजी और श्रम के बीच संबंधों को प्रभावित
नहीं करते हैं

im besten Fall verringern solche Reformen die Kosten und
vereinfachen die Verwaltungsarbeit der Bourgeoisie
Regierung

सबसे अच्छा, इस तरह के सुधार लागत को कम करते हैं और पूंजीपति
सरकार के प्रशासनिक कार्य को सरल बनाते हैं

Der Bourgeoisie Sozialismus kommt dann und nur dann
adäquat zum Ausdruck, wenn er zur bloßen Redewendung
wird

बुर्जुआ समाजवाद पर्याप्त अभिव्यक्ति प्राप्त करता है, जब, और केवल तब, यह भाषण का एक मात्र आंकड़ा बन जाता है

Freihandel: zum Wohle der Arbeiterklasse

मुक्त व्यापार: श्रमिक वर्ग के लाभ के लिए

Schutzpflichten: zum Wohle der Arbeiterklasse

सुरक्षात्मक कर्तव्यों: श्रमिक वर्ग के लाभ के लिए

Gefängnisreform: zum Wohle der Arbeiterklasse

जेल सुधार: श्रमिक वर्ग के लाभ के लिए

Das ist das letzte Wort und das einzig ernst gemeinte Wort des Bourgeoisie Sozialismus

यह बुर्जुआ समाजवाद का अंतिम और एकमात्र गंभीर अर्थ शब्द है

Sie ist in dem Satz zusammengefasst: Die Bourgeoisie ist eine Bourgeoisie zum Wohle der Arbeiterklasse

यह वाक्यांश में अभिव्यक्त किया गया है: पूंजीपति वर्ग मजदूर वर्ग के लाभ के लिए एक पूंजीपति वर्ग है

3) Kritisch-utopischer Sozialismus und Kommunismus
3) क्रिटिकल-यूटोपियन समाजवाद और साम्यवाद

Wir beziehen uns hier nicht auf jene Literatur, die den
Forderungen des Proletariats immer eine Stimme gegeben
hat

हम यहां उस साहित्य का उल्लेख नहीं कर रहे हैं जिसने हमेशा सर्वहारा वर्ग
की मांगों को आवाज दी है

dies war in jeder großen modernen Revolution vorhanden,
wie z. B. in den Schriften von Babeuf und anderen

यह हर महान आधुनिक क्रांति में मौजूद रहा है, जैसे कि बाबूफ और अन्य के
लेखन

Die ersten unmittelbaren Versuche des Proletariats, seine
eigenen Ziele zu erreichen, scheiterten notwendigerweise

सर्वहारा वर्ग के अपने लक्ष्यों को प्राप्त करने के पहले प्रत्यक्ष प्रयास
आवश्यक रूप से विफल रहे

Diese Versuche wurden in Zeiten allgemeiner Aufregung
unternommen, als die feudale Gesellschaft gestürzt wurde

ये प्रयास सार्वभौमिक उत्तेजना के समय में किए गए थे, जब सामंती समाज
को उखाड़ फेंका जा रहा था

Der damals noch unterentwickelte Zustand des Proletariats
führte zum Scheitern dieser Versuche

सर्वहारा वर्ग की तत्कालीन अविकसित अवस्था ने उन प्रयासों को विफल कर
दिया

und sie scheiterten am Fehlen der wirtschaftlichen
Voraussetzungen für ihre Emanzipation

और वे इसकी मुक्ति के लिए आर्थिक परिस्थितियों की अनुपस्थिति के कारण
विफल रहे

Bedingungen, die erst noch geschaffen werden mussten und
die durch die bevorstehende Epoche der Bourgeoisie allein
hervorgebracht werden konnten

ऐसी स्थितियाँ जो अभी तक उत्पन्न नहीं हुई थीं, और अकेले आसन्न बुर्जुआ
युग द्वारा उत्पादित की जा सकती थीं

Die revolutionäre Literatur, die diese ersten Bewegungen
des Proletariats begleitete, hatte notwendigerweise einen
reaktionären Charakter

सर्वहारा वर्ग के इन पहले आंदोलनों के साथ जो क्रांतिकारी साहित्य था, उसमें अनिवार्य रूप से एक प्रतिक्रियावादी चरित्र था

Diese Literatur schärfte universelle Askese und soziale Nivellierung in ihrer gröbsten Form ein

इस साहित्य ने सार्वभौमिक तपस्या और सामाजिक स्तर को अपने क्रूरतम रूप में विकसित किया

Die sozialistischen und kommunistischen Systeme, die man eigentlich so nennt, entstehen in der frühen unentwickelten Periode

समाजवादी और कम्युनिस्ट प्रणाली, ठीक से तथाकथित, प्रारंभिक अविकसित काल में अस्तित्व में वसंत

Saint-Simon, Fourier, Owen und andere beschrieben den Kampf zwischen Proletariat und Bourgeoisie (siehe Abschnitt 1)

सेंट-साइमन, फूरियर, ओवेन और अन्य ने सर्वहारा वर्ग और पूंजीपति वर्ग के बीच संघर्ष का वर्णन किया (धारा 1 देखें)

Die Begründer dieser Systeme sehen in der Tat die Klassengegensätze

इन प्रणालियों के संस्थापक, वास्तव में, वर्ग विरोध देखते हैं

Sie sehen auch das Wirken der sich zersetzenden Elemente in der herrschenden Gesellschaftsform

वे समाज के प्रचलित रूप में विघटित तत्वों की कार्रवाई को भी देखते हैं

Aber das Proletariat, das noch in den Kinderschuhen steckt, bietet ihnen das Schauspiel einer Klasse ohne jede historische Initiative

लेकिन सर्वहारा वर्ग, अभी तक अपनी प्रारंभिक अवस्था में, उन्हें बिना किसी ऐतिहासिक पहल के एक वर्ग का तमाशा पेश करता है

Sie sehen das Schauspiel einer sozialen Klasse ohne unabhängige politische Bewegung

वे बिना किसी स्वतंत्र राजनीतिक आंदोलन के एक सामाजिक वर्ग का तमाशा देखते हैं

Die Entwicklung des Klassengegensatzes hält mit der Entwicklung der Industrie Schritt

वर्ग विरोध का विकास उद्योग के विकास के साथ तालमेल बिठाता है

Die ökonomische Lage bietet ihnen also noch nicht die materiellen Bedingungen für die Befreiung des Proletariats

इसलिए आर्थिक स्थिति अभी तक उन्हें सर्वहारा वर्ग की मुक्ति के लिए भौतिक परिस्थितियों की पेशकश नहीं करती है

Sie suchen also nach einer neuen Sozialwissenschaft, nach neuen sozialen Gesetzen, die diese Bedingungen schaffen sollen

इसलिए वे एक नए सामाजिक विज्ञान की खोज करते हैं, नए सामाजिक कानूनों के बाद, जो इन स्थितियों को बनाने के लिए हैं

historisches Handeln besteht darin, sich ihrem persönlichen erfinderischen Handeln zu beugen

ऐतिहासिक कार्रवाई उनकी व्यक्तिगत आविष्कारशील कार्रवाई के लिए उपज है

Historisch geschaffene Emanzipationsbedingungen sollen phantastischen Verhältnissen weichen

ऐतिहासिक रूप से निर्मित मुक्ति की स्थितियां शानदार परिस्थितियों के सामने झुकना है

und die allmähliche, spontane Klassenorganisation des Proletariats soll der Organisation der Gesellschaft weichen

और सर्वहारा वर्ग का क्रमिक, स्वतःस्फूर्त वर्ग-संगठन समाज के संगठन के सामने झुक जाना है

die Organisation der Gesellschaft, die von diesen Erfindern eigens ersonnen wurde

इन आविष्कारकों द्वारा विशेष रूप से विकसित समाज का संगठन

Die zukünftige Geschichte löst sich in ihren Augen in die Propaganda und die praktische Durchführung ihrer sozialen Pläne auf

भविष्य का इतिहास उनकी नज़र में, प्रचार और उनकी सामाजिक योजनाओं को व्यावहारिक रूप से पूरा करने में खुद को हल करता है

Bei der Ausarbeitung ihrer Pläne sind sie sich bewußt, daß sie sich in erster Linie um die Interessen der Arbeiterklasse kümmern

अपनी योजनाओं के निर्माण में वे मुख्य रूप से मजदूर वर्ग के हितों की देखभाल करने के प्रति सचेत हैं

Nur unter dem Gesichtspunkt, die leidendste Klasse zu sein, existiert das Proletariat für sie

केवल सबसे पीड़ित वर्ग होने के दृष्टिकोण से ही सर्वहारा वर्ग उनके लिए मौजूद है

Der unentwickelte Zustand des Klassenkampfes und ihre eigene Umgebung prägen ihre Meinungen

वर्ग संघर्ष की अविकसित स्थिति और उनके अपने परिवेश उनकी राय को सूचित करते हैं

Sozialisten dieser Art halten sich allen Klassengegensätzen weit überlegen

इस तरह के समाजवादी खुद को सभी वर्ग विरोधों से कहीं बेहतर मानते हैं

Sie wollen die Lage jedes Mitglieds der Gesellschaft verbessern, auch die der Begünstigten

वे समाज के प्रत्येक सदस्य की स्थिति में सुधार करना चाहते हैं, यहां तक कि सबसे पसंदीदा की भी

Daher appellieren sie gewöhnlich an die Gesellschaft als Ganzes, ohne Unterschied der Klasse

इसलिए, वे आदतन वर्ग के भेद के बिना, बड़े पैमाने पर समाज से अपील करते हैं

Ja, sie appellieren an die Gesellschaft als Ganzes, indem sie die herrschende Klasse bevorzugen

नहीं, वे शासक वर्ग को वरीयता देकर बड़े पैमाने पर समाज से अपील करते हैं

Für sie ist alles, was es braucht, dass andere ihr System verstehen

उनके लिए, केवल दूसरों को उनकी प्रणाली को समझने की आवश्यकता है

Denn wie können die Menschen nicht erkennen, dass der bestmögliche Plan für den bestmöglichen Zustand der Gesellschaft ist?

क्योंकि लोग यह देखने में कैसे विफल हो सकते हैं कि समाज की सर्वोत्तम संभव स्थिति के लिए सर्वोत्तम संभव योजना है?

Daher lehnen sie jede politische und vor allem jede revolutionäre Aktion ab

इसलिए, वे सभी राजनीतिक, और विशेष रूप से सभी क्रांतिकारी, कार्रवाई को अस्वीकार करते हैं

Sie wollen ihre Ziele mit friedlichen Mitteln erreichen

वे शांतिपूर्ण तरीकों से अपने लक्ष्यों को प्राप्त करना चाहते हैं

Sie bemühen sich durch kleine Experimente, die notwendigerweise zum Scheitern verurteilt sind

वे छोटे प्रयोगों द्वारा प्रयास करते हैं, जो आवश्यक रूप से विफलता के लिए बर्बाद होते हैं

und durch die Kraft des Beispiels versuchen sie, den Weg für das neue soziale Evangelium zu ebnen

और उदाहरण के बल से वे नए सामाजिक सुसमाचार के लिए मार्ग प्रशस्त करने का प्रयास करते हैं

Welch phantastische Bilder von der zukünftigen Gesellschaft, gemalt in einer Zeit, in der sich das Proletariat noch in einem sehr unterentwickelten Zustand befindet

भविष्य के समाज की ऐसी शानदार तस्वीरें, ऐसे समय में चित्रित की गईं जब सर्वहारा वर्ग अभी भी बहुत अविकसित अवस्था में है

und sie hat immer noch nur eine phantastische Vorstellung von ihrer eigenen Stellung

और यह अभी भी अपनी स्थिति की एक काल्पनिक अवधारणा है

aber ihre ersten instinktiven Sehnsüchte entsprechen den Sehnsüchten des Proletariats

लेकिन उनकी पहली सहज इच्छाएं सर्वहारा वर्ग की इच्छाओं के अनुरूप हैं

Beide sehnen sich nach einem allgemeinen Umbau der Gesellschaft

दोनों समाज के एक सामान्य पुनर्निर्माण के लिए तरस रहे हैं

Aber diese sozialistischen und kommunistischen Veröffentlichungen enthalten auch ein kritisches Element

लेकिन इन समाजवादी और कम्युनिस्ट प्रकाशनों में एक महत्वपूर्ण तत्व भी है

Sie greifen jedes Prinzip der bestehenden Gesellschaft an

वे मौजूदा समाज के हर सिद्धांत पर हमला करते हैं

Daher sind sie voll von den wertvollsten Materialien für die Aufklärung der Arbeiterklasse

इसलिए वे मजदूर वर्ग के ज्ञान के लिए सबसे मूल्यवान सामग्रियों से भरे हुए हैं

Sie schlagen die Abschaffung der Unterscheidung zwischen Stadt und Land und der Familie vor

वे शहर और देश और परिवार के बीच के अंतर को समाप्त करने का प्रस्ताव करते हैं

die Abschaffung des Gewerbetreibens für Rechnung von Privatpersonen

निजी व्यक्तियों के खाते के लिए उद्योगों को चलाने का उन्मूलन

und die Abschaffung des Lohnsystems und die Proklamation des sozialen Friedens

और मजदूरी प्रणाली का उन्मूलन और सामाजिक सद्भाव की घोषणा

die Verwandlung der Funktionen des Staates in eine bloße Aufsicht über die Produktion

राज्य के कार्यों का उत्पादन के मात्र अधीक्षण में रूपांतरण

Alle diese Vorschläge deuten einzig und allein auf das Verschwinden der Klassengegensätze hin

ये सभी प्रस्ताव, पूरी तरह से वर्ग विरोधों के गायब होने की ओर इशारा करते हैं

Klassengegensätze waren damals gerade erst im Entstehen begriffen

उस समय वर्ग विरोध केवल फसल ही पैदा कर रहे थे

In diesen Veröffentlichungen werden diese Klassengegensätze nur in ihren frühesten, undeutlichen und unbestimmten Formen anerkannt

इन प्रकाशनों में इन वर्ग विरोधों को उनके प्राचीन, अस्पष्ट और अपरिभाषित रूपों में ही पहचाना जाता है

Diese Vorschläge haben also rein utopischen Charakter

इसलिए, ये प्रस्ताव विशुद्ध रूप से यूटोपियन चरित्र के हैं

Die Bedeutung des kritisch-utopischen Sozialismus und des Kommunismus steht in einem umgekehrten Verhältnis zur historischen Entwicklung

क्रिटिकल-यूटोपियन समाजवाद और साम्यवाद का महत्व ऐतिहासिक विकास के विपरीत संबंध रखता है

Der moderne Klassenkampf wird sich entwickeln und weiter konkrete Gestalt annehmen

आधुनिक वर्ग संघर्ष विकसित होगा और निश्चित आकार लेना जारी रखेगा

Dieses fantastische Ansehen des Wettbewerbs wird jeden praktischen Wert verlieren

प्रतियोगिता से यह शानदार स्थिति सभी व्यावहारिक मूल्य खो देगी

Diese phantastischen Angriffe auf die Klassengegensätze verlieren jede theoretische Rechtfertigung

वर्ग विरोधों पर ये शानदार हमले सभी सैद्धांतिक औचित्य खो देंगे

Die Urheber dieser Systeme waren in vielerlei Hinsicht revolutionär

इन प्रणालियों के प्रवर्तक कई मामलों में क्रांतिकारी थे

Aber ihre Jünger haben in jedem Fall bloße reaktionäre Sekten gebildet

लेकिन उनके शिष्यों ने, हर मामले में, केवल प्रतिक्रियावादी संप्रदायों का गठन किया है

Sie halten an den ursprünglichen Ansichten ihrer Meister fest

वे अपने आकाओं के मूल विचारों को कसकर पकड़ते हैं

Aber diese Anschauungen stehen im Gegensatz zur fortschreitenden geschichtlichen Entwicklung des Proletariats

लेकिन ये विचार सर्वहारा वर्ग के प्रगतिशील ऐतिहासिक विकास के विरोध में हैं

Sie bemühen sich daher, und zwar konsequent, den Klassenkampf abzustumpfen

इसलिए, वे प्रयास करते हैं, और वह लगातार, वर्ग संघर्ष को मृत करने के लिए

Und sie bemühen sich konsequent, die Klassengegensätze zu versöhnen

और वे लगातार वर्ग विरोधों को सुलझाने का प्रयास करते हैं

Noch träumen sie von der experimentellen Umsetzung ihrer gesellschaftlichen Utopien

वे अभी भी अपने सामाजिक यूटोपिया के प्रयोगात्मक अहसास का सपना देखते हैं

sie träumen immer noch davon, isolierte "Phalanster" zu gründen und "Heimatkolonien" zu gründen

वे अभी भी अलग-थलग "फालानस्टेरेस" की स्थापना और "होम कॉलोनियों" की स्थापना का सपना देखते हैं

sie träumen davon, eine "Kleine Ikaria" zu errichten – Duodecimo-Ausgaben des Neuen Jerusalem

वे एक "लिटिल इकारिया" स्थापित करने का सपना देखते हैं - न्यू यरूशलेम के डुओडेसिमो संस्करण

Und sie träumen davon, all diese Luftschlösser zu verwirklichen

और वे हवा में इन सभी महलों को महसूस करने का सपना देखते हैं

Sie sind gezwungen, an die Gefühle und den Geldbeutel der Bourgeoisie zu appellieren

वे बुर्जुआ की भावनाओं और पर्स के लिए अपील करने के लिए मजबूर कर रहे हैं

Nach und nach sinken sie in die Kategorie der oben dargestellten reaktionären konservativen Sozialisten

डिग्री से वे ऊपर वर्णित प्रतिक्रियावादी रूढ़िवादी समाजवादियों की श्रेणी में डूब जाते हैं

sie unterscheiden sich von diesen nur durch systematischere Pedanterie

वे केवल अधिक व्यवस्थित पांडित्य द्वारा इनसे भिन्न होते हैं

und sie unterscheiden sich durch ihren fanatischen und abergläubischen Glauben an die Wunderwirkungen ihrer Sozialwissenschaft

और वे अपने सामाजिक विज्ञान के चमत्कारी प्रभावों में अपने कट्टर और अंधविश्वासी विश्वास से भिन्न हैं

Sie widersetzen sich daher gewaltsam jeder politischen Aktion der Arbeiterklasse

इसलिए, वे मजदूर वर्ग की ओर से सभी राजनीतिक कार्रवाई का हिंसक विरोध करते हैं

ein solches Handeln kann ihrer Meinung nach nur aus blindem Unglauben an das neue Evangelium resultieren

इस तरह की कार्रवाई, उनके अनुसार, केवल नए सुसमाचार में अंध अविश्वास का परिणाम हो सकती है

Die Owenisten in England und die Fourieristen in Frankreich stehen den Chartisten und den "Réformisten" entgegen

इंग्लैंड में ओवेनाइट्स, और फ्रांस में फूरियरिस्ट क्रमशः चार्टिस्टों और "रिफॉर्मिस्ट" का विरोध करते हैं

Stellung der Kommunisten zu den verschiedenen bestehenden Oppositionsparteien
विभिन्न मौजूदा विरोधी दलों के संबंध में कम्युनिस्टों की स्थिति

Abschnitt II hat die Beziehungen der Kommunisten zu den bestehenden Arbeiterparteien deutlich gemacht

खंड 2 मौजूदा मजदूर वर्ग पार्टियों के लिए कम्युनिस्टों के संबंधों को स्पष्ट कर दिया है

wie die Chartisten in England und die Agrarreformer in Amerika

जैसे इंग्लैंड में चार्टिस्ट, और अमेरिका में कृषि सुधारक

Die Kommunisten kämpfen für die Erreichung der unmittelbaren Ziele

कम्युनिस्ट तात्कालिक उद्देश्यों की प्राप्ति के लिए लड़ते हैं

Sie kämpfen für die Durchsetzung der momentanen Interessen der Arbeiterklasse

वे मजदूर वर्ग के क्षणिक हितों के प्रवर्तन के लिए लड़ते हैं

Aber in der politischen Bewegung der Gegenwart repräsentieren und kümmern sie sich auch um die Zukunft dieser Bewegung

लेकिन वर्तमान के राजनीतिक आंदोलन में, वे उस आंदोलन के भविष्य का भी प्रतिनिधित्व करते हैं और देखभाल करते हैं

In Frankreich verbünden sich die Kommunisten mit den Sozialdemokraten

फ्रांस में कम्युनिस्टों ने सामाजिक-जनवादियों के साथ गठबंधन किया

und sie positionieren sich gegen die konservative und radikale Bourgeoisie

और वे खुद को रूढ़िवादी और कट्टरपंथी पूंजीपति वर्ग के खिलाफ स्थिति

sie behalten sich jedoch das Recht vor, eine kritische Position gegenüber Phrasen und Illusionen einzunehmen, die traditionell aus der großen Revolution überliefert sind

हालांकि, वे पारंपरिक रूप से महान क्रांति से सौंपे गए वाक्यांशों और भ्रमों के संबंध में एक महत्वपूर्ण स्थिति लेने का अधिकार सुरक्षित रखते हैं

In der Schweiz unterstützt man die Radikalen, ohne dabei aus den Augen zu verlieren, dass diese Partei aus antagonistischen Elementen besteht

स्विट्जरलैंड में वे रेडिकल का समर्थन करते हैं, इस तथ्य को खोए बिना कि इस पार्टी में विरोधी तत्व शामिल हैं

teils von demokratischen Sozialisten im französischen Sinne, teils von radikaler Bourgeoisie

आंशिक रूप से डेमोक्रेटिक सोशलिस्ट, फ्रांसीसी अर्थ में, आंशिक रूप से कट्टरपंथी पूंजीपति वर्ग के

In Polen unterstützen sie die Partei, die auf einer Agrarrevolution als Hauptbedingung für die nationale Emanzipation beharrt

पोलैंड में वे उस पार्टी का समर्थन करते हैं जो राष्ट्रीय मुक्ति के लिए प्रमुख शर्त के रूप में कृषि क्रांति पर जोर देती है

jene Partei, die 1846 den Krakauer Aufstand angezettelt hatte

वह पार्टी जिसने 1846 में क्राको के विद्रोह को भड़काया

In Deutschland kämpft man mit der Bourgeoisie, wenn sie revolutionär handelt

जर्मनी में वे पूंजीपति वर्ग के साथ लड़ते हैं जब भी वह क्रांतिकारी तरीके से काम करता है

gegen die absolute Monarchie, das feudale Eichhörnchen und das Kleinbourgeoisie

पूर्ण राजशाही, सामंती गिलहरी और क्षुद्र पूंजीपति वर्ग के खिलाफ

Aber sie hören nicht auf, der Arbeiterklasse auch nur einen Augenblick lang eine bestimmte Idee einzuflößen

लेकिन वे मजदूर वर्ग में एक विशेष विचार पैदा करने के लिए एक पल के लिए भी बंद नहीं होते हैं

die klarste Erkenntnis des feindlichen Antagonismus zwischen Bourgeoisie und Proletariat

पूंजीपति वर्ग और सर्वहारा वर्ग के बीच शत्रुतापूर्ण विरोध की स्पष्ट संभव मान्यता

damit die deutschen Arbeiter sofort von den ihnen zur Verfügung stehenden Waffen Gebrauch machen können

ताकि जर्मन मजदूर सीधे अपने निपटान में हथियारों का उपयोग कर सकें

die sozialen und politischen Bedingungen, die die Bourgeoisie mit ihrer Herrschaft notwendigerweise einführen muss

सामाजिक और राजनीतिक परिस्थितियों है कि पूंजीपति वर्ग आवश्यक रूप से अपने वर्चस्व के साथ परिचय देना चाहिए

der Sturz der reaktionären Klassen in Deutschland ist
unvermeidlich
जर्मनी में प्रतिक्रियावादी वर्गों का पतन अवश्यंभावी है
und dann kann der Kampf gegen die Bourgeoisie selbst
sofort beginnen
और फिर पूंजीपति वर्ग के खिलाफ लड़ाई तुरंत शुरू हो सकती है
Die Kommunisten richten ihre Aufmerksamkeit
hauptsächlich auf Deutschland, weil dieses Land am
Vorabend einer Bourgeoisie Revolution steht
कम्युनिस्ट मुख्य रूप से जर्मनी पर अपना ध्यान केंद्रित करते हैं, क्योंकि वह
देश बुर्जुआ क्रांति की पूर्व संध्या पर है
eine Revolution, die unter den fortgeschritteneren
Bedingungen der europäischen Zivilisation durchgeführt
werden muss
एक क्रांति जो यूरोपीय सभ्यता की अधिक उन्नत परिस्थितियों में की जाने के
लिए बाध्य है
Und sie wird mit einem viel weiter entwickelten Proletariat
durchgeführt werden
और यह एक बहुत अधिक विकसित सर्वहारा वर्ग के साथ किया जाना तय है
ein Proletariat, das weiter fortgeschritten war als das
Englands im 17. und Frankreichs im 18. Jahrhundert
सत्रहवीं शताब्दी में इंग्लैंड और अठारहवीं शताब्दी में फ्रांस की तुलना में
अधिक उन्नत सर्वहारा वर्ग था
und weil die Bourgeoisie Revolution in Deutschland nur das
Vorspiel zu einer unmittelbar folgenden proletarischen
Revolution sein wird
और क्योंकि जर्मनी में बुर्जुआ क्रांति सर्वहारा क्रांति के तुरंत बाद की
प्रस्तावना होगी
Kurz gesagt, die Kommunisten unterstützen überall jede
revolutionäre Bewegung gegen die bestehende soziale und
politische Ordnung der Dinge
संक्षेप में, कम्युनिस्ट हर जगह चीजों की मौजूदा सामाजिक और राजनीतिक
व्यवस्था के खिलाफ हर क्रांतिकारी आंदोलन का समर्थन करते हैं
In all diesen Bewegungen rücken sie als Leitfrage die
Eigentumsfrage in den Vordergrund
इन सभी आंदोलनों में वे सामने लाते हैं, प्रत्येक में प्रमुख प्रश्न के रूप में,
संपत्ति प्रश्न

unabhängig davon, wie hoch der Entwicklungsstand in diesem Land zu diesem Zeitpunkt ist

कोई फर्क नहीं पड़ता कि उस समय उस देश में विकास की डिग्री क्या है

Schließlich setzen sie sich überall für die Vereinigung und Zustimmung der demokratischen Parteien aller Länder ein

अंत में, वे सभी देशों के लोकतांत्रिक दलों के संघ और समझौते के लिए हर जगह श्रम करते हैं

Die Kommunisten verschmähen es, ihre Ansichten und Ziele zu verheimlichen

कम्युनिस्ट अपने विचारों और उद्देश्यों को छिपाने के लिए तिरस्कार करते हैं

Sie erklären offen, dass ihre Ziele nur durch den gewaltsamen Umsturz aller bestehenden gesellschaftlichen Verhältnisse erreicht werden können

वे खुले तौर पर घोषणा करते हैं कि उनके सिरों को सभी मौजूदा सामाजिक स्थितियों को जबरन उखाड़ फेंकने से ही प्राप्त किया जा सकता है

Mögen die herrschenden Klassen vor einer kommunistischen Revolution zittern

शासक वर्गों को साम्यवादी क्रांति पर कांपने दो

Die Proletarier haben nichts zu verlieren als ihre Ketten

सर्वहारा वर्ग के पास अपनी जंजीरों के अलावा खोने के लिए कुछ भी नहीं है

Sie haben eine Welt zu gewinnen

उनके पास जीतने के लिए एक दुनिया है

ARBEITER ALLER LÄNDER, VEREINIGT EUCH!

सभी देशों के मेहनतकश पुरुषों, एकजुट!